유교와 근대화

유교와 근대화

한 동 우

그가 본
한국 근대화의 명암

이미지북

박인규_ 프레시안 이사장

한동우 선생을 처음 만난 것은 2년 전쯤으로 기억된다. 한 언론계 후배가 〈프레시안〉에 관심이 많고 후원할 의향도 가진 분이 있다며 만남을 권유했다. 그에 따르면 박정희 정권 시절 재무부 고위관리였으나 언론인 리영희 선생과도 자주 술잔을 나누는 사이였고, 1980년 전두환 정권에 의해 해직당한 반골 공무원이었다.

첫 만남에서 약 세 시간 동안 많은 얘기를 나누었다. 한 선생은 세상을 깨우치고 싶어 했다. 나라와 민족을 위해 분투했던 이순신, 이회영, 김구, 장준하 등 옛 선열들이 오늘의 후배들을 꾸짖고 일으켜 세워야 한다고 했다. 마침 가수 김광석이 홀로그램 영상으로 부활해 화제가 되던 때였다. 그는 김구 같은 분의 홀로그램 영상으로 오늘날 우리 사회가 나아갈 길을 젊은이들에게 제시하는 콘텐츠를 만들 수 없겠는지 타진했다.

나는 1980년대 초 정경모 선생이 쓴 『찢겨진 산하』라는 책을 생각해냈다. 김구, 여운형, 장준하 등 암살로 세상을 뜬 세 선열들이 가상대화를 통해 해방 이후 미·소의 남북 분할 점령과 좌우 대립에 이르기까지 역사의 격동기에 우리의 선각자들이 어떻게 싸워왔는지를 보여 준 책이다. 나 자신은 젊은 시절 이 책에서 많은 것을 배우고 느낄 수 있었지만, 요즘의 젊은이에게 설득력이 있을지는 미지수였다. 1980년 초와 2010대 후반 젊은이들의 역사, 생활 감각은 크게 다르기 때문이었다.

첫 만남 후 나는 한국 현대사를 전공한 한 교수와 이 문제를 상의했다. 그는 한동우 선생이 원하는 바는 선각자들의 평전을, 그것도 오늘의 시대적 과제에 비추어 쓰자는 것인데 이는 연구자로서도 엄청난 시간과 공력이 필요한 일이라며 쉽지 않은 일이라고 했다. 대신 그가 제안한 것은 개항에서 국권 상실, 해방에서 6·25전쟁, 그리고 냉전 종식 이후 남북 대립의 지속 등 한국 현대사의 주요한 고비마다 시대적 도전과 우리의 응전이 어떠했는가를 점검하는 집단 토론이었다. 그 후 두 번의 만남에서 이 대안을 제시했으나 한 선생은 받아들이지 않았다.

이 책 『유교와 근대화』는 2년 전 한 선생의 문제의식이 오롯이 반영된 듯하다. 예컨대 선생이 바라본 '한국 근대화의 명암'에 나오는 '반항아' 김구 선생의 일대기다. 아마도 김구 선생의 홀로그램 콘텐츠를 제작한다면 이 내용이 바탕이 될 터이다. 또 '기중난 영감' 부분은 탑골공원의 노인들이 우리 사회의 진로를 위해 중지를 모으는 내용이다. 또 마지막 부분 '촛불에 타오르는 한국 근대화'에서는 촛불 이후 한국 사회의 진로를 위한 저자 나름의 처방이 담겨 있다. 그가 보기에 가장 중요한 것은 남북 민족공동체의 복원이다.

하지만 저자는 '유교와 근대화'를 자신의 가장 중요한 작업으로 맨 앞에 놓았다. 이 글은 저자의 프린스턴 대 재학 중의 연구 성과로 1974년에 제출된 영문 논문이다. 아마도 자신의 득의의 연구 업적으로 판단한 듯하다.

그는 이 논문을 집필하게 된 배경으로 "우리는 그동안 어설픈 개인주의로 산업화를 모방하여 왔다. 그러나 어떤 주의가 됐던 산업화를 위한 다수 국민의 동원 체제가 확립되지 않고는 그것은 진정한 의미의 산업화가 아니며, 단지 남의 산업화가 우리나라로 진출한 현상에 불과하다"고 지적한다.

나아가 "인간을 정직하고 성실하게 만드는 작업 그것이 근대화이며, 이 근대화 없이 산업화로 가는 길은 독재의 길이요 부패의 길이요 식민 종속의 대로로 나선 꼴이 된다. 그리하여 나의 논문은 「유교와 근대화」라는 제목을 내걸고 출발한다."
고 밝힌다.

유학 시절에도 "유교에 대한 나의 오랜 집념이 꺼지지 않고 점점 타오르고" 있었고, "한 사회가 한 가족 질서의 연장 같은 질서-균형을 유지하고 고도의 지성적 지도하에 진보적 발전을 추동하는 사회제도의 확립 가능성"을 추구했으며, 그 결과 "유교문화를 가지고 있는 후발 주자들이 근대화에 이르는 최선의 방법은 유교의 도덕적인 정부에로의 위대한 부활"이라고 결론을 얻었다고 말한다.

즉 유교가 자주적이며 인간적인 사회를 건설하는데 정신적 지침이 될 수 있다는 뜻으로 받아들일 수 있다. 한국 사회가 물량 위주의 맹목적, 서구지향적 산업화로 질주하던 1970년대에 유교의 가치에 주목한 이런 시론이 나왔다는 것은 주목할 만하다. 저자 자신이 유교적 소양이 풍부한 집안에서 자라난 탓도 있겠다. 중요한 것은 유교라는 전통적 정신 유산에서 새로운 사회의 지도원리를 발견하려는 노력이다.

유교가 새로운 정치의 원리, 삶의 지침이 될 수도 있다는 논의는 비교적 최근의 일이다. 예컨대 경희대 김상준 교수는 『맹자의 땀, 성왕의 피』라는 저서에서 정치 원리로서의 유교의 가능성을 점검했고, 최근에는 영산대 배병삼 교수가 『맹자, 마음의 정치학』이란 책을 펴내기도 했다.

필자는 요즘 시기를 '미국의 퇴각, 역사의 귀환'으로 파악한다. 즉 지난 70여 년 간 동아시아를 호령했던 미국이 물러가고 있으며, 최근 한·일 갈등에서 드러나듯 역사의 해묵은 상처들이 다시 도지고 있다.

지금 우리에게 중요한 것은 무엇인가. 일본으로부터 과거에 대한 반성을 받아내는 것, 일본 등 주변국과의 선린 우호관계도 중요하다. 그러나 보다 핵심적인 것은 사회 각 성원의 인간다운 삶이 보장되는 사회를 건설하는 것이다. 여기에는 경제력, 외교력, 군사력도 중요하지만 역시 핵심은 생각의 힘이다. 우리의 전통적 사상 자원에서 새로운 삶과 사회의 원리를 만들어내는 것이다.

이대근_ 경향신문 논설주간

이 책은 한국 현대사를 온몸으로 통과해 온 한 인물의 평생에 걸친 지적 탐구 여정을 담고 있다. 한 인물의 지성사를 통해 일제를 거쳐 해방, 이승만 정권, 혁명, 그리고 유신체제, 다시 전두환 체제라는 반동의 시대를 지나고 민주화를 겪어온 한국을 생생하게 재현한다. 말하자면 격동의 현대사 한가운데 있던 저자가 길어 올린 사색의 우물이자, 사회와 개인이 서로 부딪치고 화해하며 더 나은 세상이 어떻게 가능할지에 관한 학술적 고민을 오롯이 담은 그릇이다.

이 책에는 한국이 유신독재에 신음하고 있던 1970년대 미국의 프린스턴 대학에 유학하는 동안 그곳에서 자유의 바람을 마음껏 누리며, 자연과학, 사회과학, 인문학에 심취한 젊은 날의 열정이 잘 드러나 있다. 감옥 같은 한국을 떠나 세상의 이치를 바닥에서부터 다시 탐구하는 그의 지적 호기심은, 세월이 흘러도 여전히 마음의 격동을 불러일으킨다.

그의 글 가운데 주목할 것은 유교를 바탕으로 한 도덕국가론을 제기한 점이다. 그가 말하는 도덕적 정부는 시민 다수의 행복과 평등을 보장하려고 노력하는 정부를 의미하는 것으로 보인다.

"우리는 근대화를 도덕적 정부의 수립이라고 감히 힘주어 천명한다. 그 도덕적인 정부는 평등을 실현하고, 그 자신 현재까지 산업화가 추구해 온 물질적인 면의 질 높은 평등을 위해 몰두해야 한다. 후발 주자의 입장에서 근대화의 의미를 새롭게 하는 것은 매우 중요하다. 이는 여러 상이한 조건 가운데서 무엇을 선택하느냐에 따라 구체화되고 마침내는 도덕적 평등에 이르게 될 것이다."

정부가 최대 다수의 행복과 평등이라는 도덕과 선을 추구해야 한다는 점에서는 이론의 여지가 있을 수 없다. 그러나 정부는 선을 추구하기 위해 비도덕적일 수도 있어야 한다는 마키아벨리의 통찰력이 더해졌으면 하는 아쉬움이 있다. 비도덕적 방법에 의한 도덕적 결과도 가능하기 때문이다. 도덕은 그 자체로 완전하지만 세속의 정부가 이루기에는 너무 어려운 과제이다. 일정한 절차적 정당성만 갖추면 정부는 다양한 통치 방식을 동원해 목표를 달성해야 하는 엄연한 현실적 실체라는 점을 인정할 수밖에 없다.

유교는 가족의 질서를 국가의 질서로 확장했고, 이는 현대에서 매우 논쟁적인 주제이다. 저자는 이 문제를 피하지 않고 가부장제적 국가론을 제기한다.

　"유교는 국가를 교화의 주체로 생각했고 농업사회에서 흔히 보는 생물들의 내부 질서의 연장선상에 현실적으로 존재하는 가족제도로부터 국가 질서(사회 질서)의 이상형을 이끌어냈다. 늘 변함없는 농업적 생산 수단과 그 협업적 특성은 단단하고 협동적인 가족제도를 발전시켰다. 이러한 관점에서 가족은 국가의 기본적 구성원일 뿐 아니라 유일한 권위의 원천인 셈이다. 국가 자체가 가족을 본 뜬 것이다. 중국어에서 '국가' 또는 '국민'은 '국가 가족' 또는 '국민 가족'을 의미한다. 국가는 마땅히 그 국민에게 아버지다운 배려를 보여야 하고, 반면에 국민은 통치자와 국가에게 충성을 다해야 한다. 그러니 국가의 눈으로도 효도가 국가에 대한 충성을 앞서는 것이다. 이 점이 유교가 가부장적 가족제도 하에서 더 설득력과 생명력을 갖게 되는 요소이다."

　국가를 가족의 확대로 보는 것은 경우에 따라 권위주의 체제를 정당화하는 왜곡을 낳을 수 있다. 국가의 구성원인 시민은 주권자이자 평등한 존재라는 전제가 흔들릴 수 있기 때문이다. 가부장제적 국가는 시민을 주권자가 아닌, 국가가 선험적으로 정해 놓은 목표를 달성하기 위해 동원되는 대상으로 간주할 우려가 있다는 점에서 현대 민주주의 국가의 모델이 될 수 있을지는 의문이다.

물론 유교는 21세기에도 재발견할 여지가 많다. 중국이 문화혁명기에 공자 그리고 모택동에 맞서 쿠데타를 기도했던 임표를 함께 비판하는 '비공비림批孔批林'을 내세우며 유교를 극복의 대상으로 삼았다가 21세기 들어 재평가하며 유교사상을 전 세계에 전파하려는 것에서도 알 수 있다. 저자가 '비공비림이 드높은 가운데 1974 가을' 논문을 썼던 시기— '공자가 죽어야 나라가 산다'는 주장이 대세를 이루던 때는 이제 과거로 흘러가 버렸다.

산업화와 근대화는 당대 한국의 최대 과제였다. 저자 역시 이를 달성하는 것이 얼마나 중요한 일인지 여러 차례 강조했다. 하지만 근대화의 경로는 한 가지가 아니다. 역사적으로 자본주의, 사회주의, 파시즘의 경로가 있었다. 물론 저자는 근대화를 바람직한 상태가 실현된 것으로 정의하고, 그 상태를 달성하기 위해 필요한 노력을 서술했다. 그런 점에서 그의 근대화에는 민주화를 포함한 것으로 보인다.

흔히 한국 현대사를 산업화, 민주화 순서로 발전해온 역사로 기술하고, 민주화의 조건으로 산업화를 거론하고는 한다. 이런 발전 도식이 타당한지는 의문이다. 산업화 이후 민주화라는 단계론적 역사관은 사실 역사적 허구이다. 산업화를 신화화하는 것은 민주화가 실현되었기에 가능한 일이다. 산업화가 한국적 성공 신화로 남아 있지만 민주화가 없었다면, 산업화는 그 자체로 평가받기는 어렵다. 민주화 없는 산업화는 스탈린주의나 북한의 중공업 중심의 경제 발전 전략처럼 경제 외적 강제를 동반한 억압적 정치체제로 귀결되기 때문이다. 만일 한국 현대사에 민주화 없이 박정희 정권 시기의 산업화만 존재했다면, 한국 현대사는 끔찍한 기억으로만 남아 있을 것이다. 산업화가 성공과 낭만으로 묘사될 수 있었던 것은 민주화의 결과이다. 한마디로 한국의 산업화는 민주화에 의해 사후적으로 완성됐다고 볼 수 있다.

저자가 1970년대의 시점에 유교가 근대화 및 산업화와 어떻게 만날 수 있는지를 고민하는 도전적인 자세도 그렇지만, 이 주제를 천착하면서 보여준 태도 역시 놀랍다. 물리학으로부터 시작해 생물학, 유교론, 인생론, 국가론으로 뻗어 나가는 상상력이 거침없다. 열역학, 양자물리학에 대한 주체할 수 없는 관심 때문에 관련 분야를 전공하는 한국인 유학생을 찾아다니며 공부하는 열의도 대단하다. 미시 세계로부터 거시까지 통용되는 어떤 질서를 찾으려는 노력도 엿볼 수 있다. 마치 앨버트 아인슈타인이 평생에 걸쳐 미시 세계와 거시 세계의 물리법칙을 통합할 모든 것의 이론을 완성하기 위해 매진했던, 실패했지만 세상을 알고 싶어 하는 인간이면 한번 품었음직한 그 거대한 기획이 떠오른다.

균형은 죽음이고 불균형은 역동성을 낳으며, 균형과 불균형이 서로 긴장 관계를 이루며 하나의 유기체를 유지한다는 생물학을 중용의 철학에 적용하며, 요즘 말로 학제 간 벽을 뚫고 통섭을 시도하는 점도 눈에 띈다. 유교는 균형을 추구하지만 그 균형의 끝에는 균형 파괴가 나타나면서 재 균형에 이른다는 점을 강조하면서 세상사를 자연의 질서에 유추하는 그의 거시적 접근법도 매우 흥미롭다.

방문신_ SBS 논설위원, 관훈클럽 총무

한동우 선생은 탁월한 글쟁이입니다. 언론계 밖의 언론인입니다. 그 DNA 덕에 많은 글을 삶의 자산으로 남길 수 있었습니다. 넘나드는 관심사도 정말 다양합니다. 어려서부터 몸에 익힌 유학, 한학, 동양학을 시작으로 역사학, 정치학, 사회학, 철학, 심지어 자연과학에 이르기까지 종횡무진입니다.

직업적으로 체득한 경제 지식은 드러난 영역일 뿐, 심연 깊은 곳의 내공은 다른 곳에서 더 크게 느껴집니다. 눈에 보이는 수면 위 빙산은 빙산 전체의 20퍼센트에 불과하고 숨겨진 수면 아래의 것이 80퍼센트인 것과 비슷하다고 할까요.

이 책『유교와 근대화』 역시 영역을 넘나드는 선생의 축적된 지식과 통찰이 녹아들어가 있음을 경험하게 될 것입니다.

동시에 선생은 시대의 비평가입니다. 선생의 시대 비평은 시대에 영합하려고만 하지 않고 때로는 시대와의 불화를 선택한 삶의 궤적과도 무관하지 않아 보입니다.

그렇다고 내 편, 네 편만 따지는 진영논리에 매몰되지 않습니다. 옳고 그름을 판단 기준으로 시대를 진단하고 새로운 시대 정신을 찾으려 했습니다. 물론 좌절도, 실패도 있었겠지요. 합리와 시시비비에 근거한 선생의 일관된 잣대와 비평은 편가르기에 골몰하느라 정작 소중한 가치를 팽개치고 있는 주객전도의 요즘 세태와는 또 다른 차이를 보여줍니다.

출판된 책은 선생의 과거 논문과 글을 재구성한 연대기적 기록물입니다. 그 때의 생각과 소회를 따라가다 보면 그때는 미처 보지 못했던 것들이 지금 다시 보일 수도 있을 것입니다. 선생 스스로도 탁월한 식견이었다고 자평할 만한 대목도 있을 것 같고, '이것은 좀 순진한 생각이었어'라고 토로하는 부분도 있으리라 생각됩니다.

대한민국 뿌리로서의 유교와 근대화 과정, 근대화 이후의 남겨진 과제들을 주제로 한동우 선생과 사상 여행, 역사 기행을 함께 즐기시기 바랍니다.

추천사

유교와 근대화(번역문)

Confucianism and Modernization(원문)

한국 근대화의 명암

유교와 근대화

한동우

(프린스턴대 윌슨스쿨 팔빈펠로우)

할아버님과 아버님께

서 문

비판정신은 강물이 되어 나의 혈관을 분류한다. 때로는 약점잡이(素誤症)로 핀잔을 받으면서 그 강물은 나를 끊임없이 완전주의자로 조각한다. 이는 아마도 유교의 다기한 교리가 사방에서 메아리치는 어린 시절을 보낸 탓인지도 모른다.

10여 년 간의 공직 생활에서 이 나라의 사회경제적 발전 계획을 지켜보는 동안에도 나의 사시적 안목에 비친 서구화는 억지로 주조되며 삐걱거리고 있었다. 그 때 프린스턴대에서 1년간 수학할 기회가 주어졌다. 프린스턴대 윌슨스쿨의 장학생이 된 것이다. 나는 정치 사회 발전의 배경과 외국 자본 기술의 역할 그리고 토착산업의 향방에 대하여 연구하겠다는 포부를 밝혔다.

프린스턴에 머물면서 나는 제1분과 국제정치의 길핀 교수와 제2분과 근대화 발전론의 레비 교수의 지도 아래 나의 생각과 사색의 조각들을 정리해 나갔다. 유교학당의 교수이셨던 할아버님과 민족의학자이셨던 아버님의 주옥같은 교훈들이 늘 귓가를 맴돌며 나로 하여금 동양사회의 변화 과정과 그 발전 방향에 관심을 기울이도록 신칙하고 계셨다. 프린스턴이 마련해 준 민박과 한 달 여에 걸친 버스 여행은 낯선 미국을 쉽게 받아들이도록 했고, 아늑하고 고풍스런 캠퍼스와 방대한 동양사료관(THE GEST LLBRARY)은 특히 그 방대한 한문漢文 사료와 이를 열독하는 학생들은 나로 하여금 경제 개발보다는 사회 변화에 보다 큰 관심을 기울이도록 격려해 주었다. 또한 북경대학의 광활한 자전거 주차장과 레닌의 초상이 모 주석과 함께 북경공원에 전시된 것을 스크린을 통해 접하고는 잠시나마 공자의 초상이 레닌과 짙게 겹쳐지는 환상에 사로잡혀 중국 사회의 변화 과정을 심도 있게 파고들고 싶은 충동을 느끼기도 했다.

생각을 이어갈수록 유교에 대한 나의 오랜 집념이 꺼지지 않고 점점 타오르고 있어 시간만 나면 조금이라도 대화를 나눌 수 있는 학생들을 찾아 나섰다. 자연 한국 학생들이 동무가 돼 주었다. 한 사회가 한 가족 질서의 연장 같은 질서-균형을 유지하고 고도의 지성적 지도하에 진보적 발전을 추동하는 사회 제도의 확립 가능성이었다. 특히 생물학의 장진 박사, 물리학의 최승정, 우주공학의 김병성, 생화학의 장춘국, 경제학의 김병주·정운찬, 동양사의 변재현, 고고학의 안휘준 씨 등 제 학형들과의 짬짬한 의견 교환은 나의 설익은 생각들을 키워주는 밑그림이 되었다.

처음 들어본 엔트로피 이론을 내 생각의 과학적 기초로 삼게 된 것은 전적으로 이 분들 덕택이었다. 그 도움을 잊을 수 없으며, 평생을 감사하는 마음으로 살려 하고 있다. 물론 이 분들을 만날 계기를 마련해 주신 이한빈 박사님, 김정렴 실장님, 남덕우 장관님, 유훈 박사님의 보살핌은 내내 큰 빚으로 남아 있을 터이다.

더하여 연구 계획 작성 등 입학에 필요한 절차를 꼼꼼히 챙겨준 평생 외우 황인정 박사의 조언은 길이 잊을 수 없다.

批孔批林 드높은 가운데

1974 가을, 서울에서

한동우 드림

제1장_ 기본가설[1]

가. 생명의 본질

생명이란 무엇인가 하는 것은 인간 특히 철학자, 신학자, 과학자들에게 오랜 동안 큰 관심거리가 되어 왔다. 그러나 이 까다로운 문제가 19세기 후반을 거쳐 20세기에 들어와서야 그 참모습이 어렴풋이 드러나기 시작했다. 이는 주로 생물학·유전학·물리학 그리고 생화학의 연구 성과 때문이었다.

먼저 유기체의 구조가 세포학과 그리고 마침내는 원자물리학에 의하여 규명된 것이다. 생세포의 가장 핵심인 염색체 내의 원자구조와 그 원자구조의 상호작용이 무생물체 내의 원자구조와 근본적으로 차이가 난다는 사실이다. 그 차이점은 생

---

1. 과학적 세계에 있어서 매우 논쟁이 되는 항목을 여기서 취택한 것이 적절하지 못한 고로 가설이라 한 것이다. 생명에 관한 새로운 해석과 그것의 행동에 대한 관계는 불합리할는지 모른다. 게다가 프로이드의 무의식과 같은 다른 관련된 학설을 상세히 검토해 봄이 없이 본인은 감히 영향력 증대와 교화론을 정립하려 한다.

명체가 정교하게 꾸며진 원자기관이라는 데 있다. 그런데 그 정교한 본성과 달리 모든 원자의 일반적인 열반응은 (늘 그대로 두면) 무질서한 움직임을 보이면서 점점 더 심한 무질서로 넘어가려는 경향을 보인다.[2]

생체조직에는 실로 굉장히 많은 원자가 무질서에 빠질 대신 질서 있는 역할을 정확히 수행하기 위하여 이에 필요한 원자의 수를 늘려가면서 긴밀히 협력한다.[3] 그러면 생체조직이 무질서한 열운동에 빠지지 않고 살아남는 현상을 어떻게 설명할 수 있는가. 여기에서 우리는 불연속성의 실체를 밝혀낸, 즉 에너지 전이가 연속적이라기보다는 불연속적으로 일어나고 있다는 양자론을 원용할 수 있을 것이다. 예를 들어, 그네 추를 흔들어 놓으면 그 속도가 점차 그리고 계속 느려진다. 마찰에 의해서. 이 경우는, 공기의 저항을 받아 그러나 원자와 같은 극소 단위 내에서의 질서 체계는 어떤 임의의 활동을 유지하기 위한 일정량의 불연속성 에너지를 갖고 있음으로 해서 그 활동 방식을 바꾸려면(즉 양자도약-quantum jump-을 하려면) 그 체계 밖으로부터 새로운 에너지를 공급받지 않으면 안 된다.[4]

살아 있지 않은 한 체계가 일정한 환경에 격리되어 놓여 있을 때 모든 운동은 여러 가지 마찰로 작동할 수 없게 되고, 그

---

2. 슈뢰딩거: 생명이란 무엇인가? 정신과 물질. 1969, 10~11페이지.
3. 슈뢰딩거: 전게서, 10~11페이지.
4. 슈뢰딩거: 전게서, 53~53페이지.

전자적 또는 화학적 특성이 점차 흐려져 전 체계는 바로 불활성 덩어리로 죽음을 맞이한다. 물리학에서는 이를 열역학적 균형 상태 또는 극한 변화(maximum entropy)라 한다.[5] 그러면 살아 있는 기관이 이 불활성의 균형 상태에 급속히 빠져들지 않고 이를 피해가는 방법은 무엇인가. 자연에서 일어나고 있는 모든 과정, 사건, 한 마디로 모든 현상은 그것이 일어나고 있는 쪽의 엔트로피(자연변화 속도)를 증대시킨다. 다시 말하면 살아 있는 기관들은 계속 엔트로피를 증대시키고, 다시 말하면 양성 엔트로피를 증대시켜 나가다 결국 위험한 극한 변화 곧 죽음을 맞이한다. 따라서 유기체는 그 주변으로부터 끊임없이 음성 엔트로피를 흡수해서 생명을 유지할 수 있는 것이다. 신진대사의 초점은 유기체가 그 자신 살기 위해 불가피하게 배설하는 모든 엔트로피로부터 벗어나는데 성공하느냐가 관건인 것이다.

이상의 내용을 한 마디로 다음과 같이 요약할 수 있다. 모든 물질의 온도가 절대영도(−273'c)인 영(0) 엔트로피 상태를 벗어나면 모든 움직이는 물체는 엔트로피를 증대시켜 불활성이 돼가는 절대균형 상태로 다가가는 경향이 있으며, 그 가운데 모든 생물은 부의 엔트로피를 증대시켜 다시 말하면 살기 위해 배설한 엔트로피를 보상하면서 죽음을 뜻하는 절대균형으

---

5. 슈뢰딩거: 전계서, 74 페이지, 엔트로피를 좀 더 알려면 조지 가모우의 자연과학 개론(한글 번역본, 1972) 81~82페이지. 또한 생명의 열역학에 관하여는 동서 172~173페이지.

로 사라지는 것을 늦출 수 있다.

움직임의 핵심은 불균형이며, 곧 그 자신 안정적이며 빈틈 없는 낮은 수준의 엔트로피를 유지하는, 환언하면 주위로부터 쉴 새 없이 영양분을 흡수하여 그런 고도의 질서를 유지하는 것이다.

나. 행동이란 무엇인가

앞 장에서 살펴봤듯이 생물체 내에서 일어나는 모든 현상의 실체는 무생물체의 그것과는 비교될 수 없을 만큼 놀라울 정도로 규칙적이며 질서 정연함이었다. 그리고는 그 질서 정연함이 곧 주변 환경으로부터 영양분을 섭취하여 원자 혼란 상태로 시들어가는 것을 막아내고 있다는 사실이다. 여기에서 강조하고 싶은 것은 생명 현상이란 내부의 정연한 질서를 외부의 불균형(즉 무질서) 유지를 통해 확보하는 과정에 불과하다는 사실이다.

이 질서 정연함이란 모든 세포물질의 극히 일부인 초고도 원자 결합-염색체-에 의하여 조종된다. 유기체의 활동은 모든 염색체가 복제되는 연속적인 세포분열-유사분열-에 의하여 유지된다. 하나의 개체가 작동을 시작하자마자, 다음 단계로 성숙된 그 개체가 재생산에 필요한 암수, 즉 정자와 난자를 생산하기 위한 일단의 세포가 확보된다. 간단히 말하면 이미 존재하는 질서로서의 유기체는 그 자신 내부에서 정연한 질서를 유지하면서 밖으로는 불균형(무질서)을 유지할 힘을 과시한다. 이 모두를 가능하게 하는 것이 신진대사, 즉 먹고 마시고 소화하는 것이다. 유기체의 영속성은 생식-교배-에 의하여 확보된다. 여기에서 우리는 유기체 활동의 원형을 본다. 어떤 생물체, 높은 수준의 원자 결합-보다 복잡한 유기체-에서는, 이러한 활동은 두 가지 행동적 활동; 양분의 섭취와 번식으로 전개된다. 이 두 가지는 모두 불균형을 유지하려는 강한 동기에 의존한다. 인간의 행동은, 이와 같이 근본적으로는 불균형 유지 욕구에서 우러나오며, 이게 바로 이른바 원초적 욕망이라 할 수 있다.

인간 욕망의 모든 면은 생물학적·진화론적 연구 성과로도 잘 설명될 수 있다. 세포의 구조가 보다 잘 밝혀짐으로서 유전적 전이가 세포핵에 내재된 화학적 합성 물체에 입력된 정보에 좌우된다는 것이 분명해졌다.[6] 이와 같이 인간 욕망이란 생태 환경과 생존 방식에 따라 크게 좌우되며 그리고 특히 사람들의 서식지-산림지대, 그 가장자리, 수목초원, 광야, 강변 등-와 사람들이 그 서식지에 적응하려는 방식-사냥, 채집, 협동 등-과 밀접히 관련되어 있다. 인간 욕망도, 원초적인 것을 기점으로 해서 인류 역사의 발전과 함께 다양하게 전개되었으

6. 쏘머스: 행동의 생물학. 1972, 4페이지.

며, 따라서 인간의 육체적 삶에 불가결한 불균형도 보다 다양한 활동에 필요한 수준까지 전개되어 나아갔다. 불균형을 유지하기 위한 욕망을 채우기 위한 방편으로서의 행동도 함께 다양해졌다.

다. 행동계수

우리가 행동을 보다 분석적으로 바라보면 그것은 그 자신의 주변 환경에 대한 어떤 힘을 나타내는 것이며, 그 힘을 쓴다는 것은 영향력을 미친다는 뜻이다. 영향력의 후과는 만족이다.－즉 성취감－이러한 내용을 다음과 같이 정리할 수 있다. I=cB. (I; 영향력, B; 행동, c; 계수). 그러면 계수란 무엇인가. 그래서 우리는 다시 오래 검증된 불균형론으로 돌아가게 된다. 계수란, 불균형 그 자체로 그 역학적 기능은 힘을 쓰는 것이다.

우리가 보다 더 만족하려면 힘을 자랑해야 하고, 우리가 힘을 자랑하려면 그 계수를 높여야 한다. 곧 불균형을 확대해야 한다.

우리가 인간의 역사를 되짚어 보면 무수한 계수 강화활동－불균형 확대－을 목격하게 된다. 그리고 우리는 드디어 지금까지 보아 온 바와 같이 인류 역사란 서식 환경을 따라 변하고, 그 환경에 적응해 가는 활동의 진화론적 집적에 다름 아니라는 생각을 갖게 된다. 먼저 남자는 그 몸을 건장하게 만들려고 노력하고, 여자는 그 몸을 아름답게 꾸미려고 애를 쓴다. 그들은 가정을 꾸리고 도구를 발명해 낸다. 환경의 도전을 받고 선인간의 지혜가 개발된다.

육체적 힘이 지배자를 결정한다; 먼저 가부장제도는 가족 서열에 따른다. 점성술과 기상학적 지혜는 지배자와 뜻을 맞추고 식용 동물을 잘 잡으려면 사냥 기술이 필수다. (행동)계수를 위한 탁월한 발상은 조직이다. 크든 작든, 집중적이든 느슨하든, 정치적이든 비정치적이든-그리고는 결국 국가-의 탄생이었다. 조직 내에서의 모든 구성원은 상이한 자리에서 상이한 수준의 계수를 차지하고 모든 구성원은 자기계수를 늘리려고 노력한다. 국가에서는 지배자는 명령하고 피지배자는 복종한다, 때로 지배자가 수탈하고 억압하면 피지배자는 착취당하고 옴짝 못한다. 계수들 사이에서의 충돌은 분쟁, 범죄, 전투 그리고는 전쟁이 된다.

라. 교화

잘해야 체력, 사냥 솜씨 또는 채집 기술 말고는 별로 계수를 발휘할 만한 대상이 없었던 초창기 인류사회에서는 계수간의 분쟁이나 따라서 불균형도 별로 없었다. 분쟁이 있어도 조직

질서-내부 질서-와 같은 한 가정 또는 가족 질서라는 사실로 균형을 유지했다. 가족이란 실로 그 가장 자신이기 때문이다. 그러나 계수가 다양하게 전개되고 누적되어감에 분규도 날카로워지고 크게 벌어져서 어떤 사람 또는 어떤 집단은 보다 큰 계수를 누리고, 다른 사람 또는 다른 집단은 약한 계수에 머무는 상태가 되고, 결국 후자가 전자를 따라간다는 것은 결코 쉽지 않게 된다.

그리하여 그 계수를 완화–즉 절충 교화–하는 움직임이 일게 되는데, 결국 대치 쌍방이 난제가 계기되어 사회 전체가 혼란에 빠지지 않도록 타협을 보게 된다. 그리하여 교화는 체력을 비롯해서 기술, 노예, 재산, 지식 등 광범한 불균형을 다루게 되는데, 종당 간에는 모든 것을 지배하는 국가 권력까지 아우르게 된다. 인류 역사의 초기 단계부터 교화는 불균형 쌍방을 겨누지만, 정치구조에 들어서게 되면 도리 없이 결국 정치 권력의 안정을 위해 우세자의 편에 서게 된다. 때로는 지배권이 자제되어야 한다고 강조하기도 하고, 한편으로는 고생 많은 사람들을 끌어올려야 한다고 애쓰기도 한다. 그리하여 압제 받는 자들을 위한다는 명분을 내세워 정치 권력을 장악하려는 새로운 지배자가 나오도록 부추기기도 했다.

교화는 폭군과 선동가들에 의하여 많은 배신을 당하면서도 불균형 완화에 크게 기여해왔다. 여기에서 우리는 교화를 통치술이나 전복술 같은 단순한 술책을 강의하는 것과는 엄격히 구별해야 한다. 요점은 균형을 목적으로 하느냐 아니면 불균형을 목적으로 하느냐의 차이다. 균형을 목적으로 하는 경우에도 두 주류가 있으니, 어떤 종교적 가르침은 균형 문제를 이승의 불균형이 저승에서는 거의 그 반대로 보상받는다는 교리에 근거를 두기도 하고, 또 다른 주장들은 불균형이 전체가 균형으로 가고 있는 자연 법칙에 어긋난다는 이론을 대기도 한다.

마. 사회적 균형-교화의 최종 목표

우리가 균형으로 수렴되거나 복귀하는 자연을 따라 교화하더라도 어느 정도까지 갈 수 있다고 상상할 수 있겠는가. 이론적으로 우리는 인간의 종자가 균일하고 자라나는 환경이 비슷하며 생산물이 균등하게 배분된다는 것까지는 생각해 낼 수 있다. 이들 관리자도 돌려가며 맡아야 한다. 그러나 보다 현실적으로 모든 사람이 어릴 적부터 균등한 교육을 받고, 그런 인재들이 적성에 맞는 생산 현장에 투입되고, 그 산물이 그 능력에 따라 배분되어야 한다. 관리자는 균등 교육을 받은 실력에 따라 맡겨져야 한다.

이렇게 보면 균형을 위해서는 교육이 제일 핵심이라는 것을 알게 된다. 우리가 이런 생각을 하도록 만드는 교육은 각자가 자신들의 능력을 개발하기 위한 균등한 기회를 갖고, 그렇게 개발된 능력이 사회적 생산과 만날 수 있도록 하는 사회적 균형의 도정이다. 현재로서는 더 나은 길은 없으며, 아직까지는 이 정도의 균형으로 만족해야 한다. 다만 아쉬운 것은 선천적 결함을 극복하기는 아직도 힘들다는 사실이다.

사람은 모두 불균등하게 태어났지만 모두 태어났을 때보다는 균등해야 한다.

제2장_ 유교

가. 유교의 계보

유교는 서구 학문에 있어서의 철학과 정치학 그리고 과학처럼 어느 정도 분명한 개념으로 고도로 체계화되고 구분되진 않았지만 교화, 즉 모든 만물이 자연에서 태어나 자연으로 돌아간다는 윤리적 명제를 실천하려는 의지를 담고 있다. 프랑스 혁명 당시의 사상가들은 자연이란 말로 평등을 주장했는데, 곧 자연 상태에서의 인간은 인위적 신분이나 계급 없이 자유로웠다는 것이었다.

유교는 수천 년의 중국 역사를 통해서 많은 학설 등과 겨루면서 살아남게 되는데, 그 가운데는 묵자의 '겸애설', 즉 절대적 평등을 실천하기 위하여 하늘 또는 신의 의지를 도입하기도 했고[7], 노자는 자연과 조화를 이룰 수 있는 이기적 개인주

7. 횡유란: 중국철학 소사, 더크 보데 편, 1966, 53~54페이지.

의를 주장했고[8], 한비자는 지배자에 의하여 통치되는 백성을 위해 선정을 베풀 이상적 헌책 대신 누구나 이익을 쫓고 손실을 피하려는[9] 인간 본성에 맞게끔 실천적 법률을 강화하여 지배층에게 권력을 몰아주어야 한다고 믿었다.—이 생각은 인간이 조화—균형을 이루려는 자연의 한 부분이기에 또 생물체로서의 인간은 단순한 영향력을 시발로 다종다기의 영향력을 원하게 되고, 그 충돌도 자연 단순 미약한 것으로부터 극단적인 것으로 치닫기 쉬우며, 결국은 균형 수준 또는 중용으로 교화될 수밖에 없다는 이치다. 그 이상적 모델은 가족제도로부터 취할 수 있는데, 가장 덕성 있는 학자들이 나서서 그 쪽을 모범삼아 백성을 교육하는 것이 가장 이상적이란 생각이다.

유교의 근원인 유가의 의미에 관해서는 여러 해석이 있다. 중국의 사상은 기원전 5세기에서 3세기에 걸쳐 개화되었다. 공자(기원전 551년 탄생) 시대로부터 기원전 221년 진나라 통일에 이르기까지를 중국 사상의 황금기라 부른다. 그 시기엔 학파의 수가 너무 많아서 중국인들은 이들을 제자백가라 한다. 후세 사가들이 이 제자백가를 분류하기 시작했다. 최초의 사가는 사마천(기원전 86년 졸)의 아버지 사마담인데, 사마천은 그 아버지와 함께 중국 최초의 걸출한 왕조사인 『사기』를 편찬하게 된다. 사마담은 과거 수세기에 걸친 철학자들을 여섯 학파로 분

---

8. 모트: 중국지성사, 노프 편집 1971, 67~68페이지.
9. 횡유란: 전게서 14장.

류했다. 후에 유흠(23년 졸)은 이 6학파에 다른 4학파를 추가했다. 이들 학파 중에 유가는 서구 문헌에 공자학파로 알려진 선비들의 모임이었다. 이 학파에 속한 사람들은 학자인 동시에 사상가들이었다. 그러나 유교를 이렇게 분류하면 유가와 묵가, 음양가, 도가와 같은 다른 학파들과의 차이는 없게 된다.

유흠은 사마담이 했던 것보다 크게 진척시키진 못했지만, 중국 사상 최초로 여러 학파들의 역사적 연원을 체계적으로 추적해 보려 했다.[10] 그는 고대 주왕조 시대에는 관리와 스승 간에 구별이 없었을 것으로 생각했다. 주왕가가 왕조 말기 수세기 동안 몰락해 갈 때 그 통치기구에 소속되었던 관리들은 그 직위를 잃고 사방으로 흩어졌다. 그들은 각자 지닌 특별한 지식을 가르치게 되는데, 이로 인해 선생과 관리가 분리되면서 자연 여러 가지 학파가 생겨났다. 유가는 그 연원을 교육부에 두고 도가는 사관들, 묵가는 사원 관리관들, 법가(한비자)는 사법부에 두었다. 이렇게 보면 유교는 포괄적인 교육 이론으로 깊이 천착되어야 한다. 환언하면 단순한 교육이 아니라 교육을 통해서 사회적 균형을 이루고, 그 균형을 방해하는 정치권력을 제주하는 데까지 내다봐야 한다는 뜻이다. 특히 이를 강조하면서 기원전 372년에서 289년까지 살았던 맹자는 오늘까지도 유교사상 발전에 제 2인자가 되고 있다.

사회경제적 의미에서 기원전 6세기에서 3세기에 이르는 시

---

10. 횡유란: 전게서 32페이지.

대는 많은 것이 싹트는 시기였다. 철은 이미 농구와 무기를 만드는데 널리 사용되었고, 경제적 발전과 전쟁 그리고 외교적 성공을 위한 국가 간의 경쟁은 인재들을 필요로 하는 넓은 시장을 열어주었다.[11] 산업을 독점하고 효율적인 정치 형태를 갖추는데 성공한 나라들은 인방隣邦을 희생시켜 가며 세력을 확장할 수 있었다. 공직 활동에 있어서의 부도덕함과 두 분의 초창기 성황 요와 순으로부터 이어 내려와 주나라의 두 전범적 건국 영웅 문왕과 무왕에 의해 승계된 오래된 영광이 폄하됨을 보고 공자는 크게 당황하였다. 그는 다가올 새로운 사회를 위한 이념적 기초를 쌓으려고 애썼다. 성황의 시대를 되돌아 보고 그 옛날 순풍의 시대로 돌아가기를 바랐다. 자기 시대의 사회적 혼란을 보면서 인간의 불균형이 점차로 완화되거나 대자연에 수용되어야 한다는 위대한 사상을 창안하기에 이른다. 그러자면 모든 인간이 교육되어야 하고, 그 교육 받은 자 가운데 가장 뛰어난 덕성을 갖춘 '군자'가 권위와 가부장적 영속성의 상징으로서의 왕을 받들고 백성을 통치해야 한다.

그의 위대한 사상은 당시 국가사회를 유지하기 위하여 가장 요긴한 군자, 귀족의 자제들만이 자동적으로 관리에 등용될 수 있는 특권을 완전히 철폐했다는 데 있다. 그는 군자라는 호칭은 윤리적·지적 수양, 예를 들면 인 또는 덕을 높이 쌓아 인간적 성숙이 입증된 최우수 '현인'에게만 주어져야 한다고 강

---

11. 모트: 전게서 35페이지.

조했다.[12] 교육의 내용으로서 숭앙받는 책들, 특히 시詩 또는 시경詩經, 서書 또는 정치사서 그리고 예禮 또는 제례전적祭禮典籍을 배우는 등 광범한 문예文藝에 대한 중요성을 강조했다는 것은 그의 두 번째 가는 혁신적 판단이었다. 그는 교육을 출세를 위해 활용하고 '현인'에게 꼭 필요한 도덕적 책무를 망각한 약삭빠르고 철없는 제자들을 꾸짖었다.

맹자는 공자의 견해를 아주 논리적으로 전개해서 기록된 공자 자신의 사상을 훨씬 뛰어넘었다. 무엇보다 그가 가족제도의 연장으로서의 사회제도를 크게 꿈꾸었다는 것이며, 다음으로는 정치 이론 분야에서 민본주의를 창안한 것이었다.

그는 그의 이상적 사회 모습을 가족제도 특히 부자 관계에서 찾았으며, 이는 앞 장에서 본 바와 같이 바로 내부 질서의 연장과 진배없는 것이었다. 그는 모든 사람이 착하게 태어났다는 증거로 이를 활용했다. 그의 이런 주장은 그의 다음 세대에 그와 반대 입장에 섰던 순자와 날카로운 논쟁을 벌이는 계기가 되는데, 순자는 명민한 두 청년을 가르친 끝에 그들이 그의 곁을 떠나 공자의 가르침과 인연을 끊고 법가의 주의 주장을 따르게 되는 불운을 겪는다. 그들이 한비자와 이소다.[13]

여하튼 아주 적절히 유지되어야 할 핵심적 관계로서 그는 다섯 가지를 추리게 되는데, 세 개는 가족제도 즉 부자 간의 사

---

12. 모트: 전게서 39~40페이지.
13. 모트: 전게서 61페이지.

랑과 효, 부부 간의 우아한 존경과 부드러운 권유 그리고 형제 간의 우애이다. 여기에서 파생된 다음 두 가지 관계, 곧 왕과 신료 간의 의로움과 친구 사이의 충실한 협력이다. 맹자의 정치적 요구는 더 나가기까지 한다. 그가 살았던 시대는 공자 시대보다 더 혼란스러웠으니, 공자의 죽음과 함께 전국시대로 알려진 한 시대가 밀려왔다. 맹자의 눈에는 두 가지 정부가 보였다. 하나는 중국 사람들에게 역사적 성군으로 기억되어 온 왕도국가요. 다른 하나는 난세에 폭력으로 세워진 무소불위 정부다. 맹자는 폭력과 무질서로 인한 백성의 고통을 매우 가슴 아프게 여기고 늘 힘이 빚는 정부 악을 극렬히 비난했다. 그는 역성혁명론을 내세워 위정자가 왕도정치를 하지 못할 경우에는 더 이상 왕이 아니며, 백성은 그를 전복할 권리를 갖게 되고 나아가 그를 죽일 수도 있다. 그의 주장에 의하면 "폭군 방벌은 더 이상 시역이 아니기" 때문이다.[14] "백성이 들으면 하늘이 듣고, 백성이 보면 하늘도 본다"면서 맹자는 정부를 판단하는 궁극적 기준을 백성에 두었다.[15]

유교에서 두 위인을 능가할 수 있는 사람은 그 후에도 없었다. 때로는 다른 학파와 교류·경쟁하면서 긴긴 중국 역사를 통해서 중국 사상의 주류로 발전해 왔다. 법가의 지지를 받았으나 불과 15년 밖에 지탱하지 못했던 최초의 제국 진나라를 승계한 한 제

---

14. 모트: 전게서 56페이지.
15. 모트: 전게서 56페이지.

국(기원전 179~기원후 220)에서 동중서(기원전 179~104)라는 걸출한 인물이 나타나 유교를 한 왕조의 정통 신앙으로 만들고, 그 유명한 중국 과거제도의 기초를 닦게 된다.

이 과거제도 하에서는 정부 각급 관료의 등용이 귀족적 문벌이나 재벌 출신에 좌우되지 않고, 유교 경전을 연구한 모든 사회 구성원이 지원할 수 있는 연속적인 정기시험에 합격해야 가능하게 된 것이다.[16] 나아가 이 과거제도의 어떤 특징은 많은 서구 연구진들에게 논쟁 대상이 되었는데, 예를 들면 칼 마르크스는 관개농업 중심의 경제를 국가가 통제하는 소위 "아시아적 생산 양식"을 기반으로 한 동방사회 유형으로 평가했고, 또 베너는 그 사회적 신분의 경직성과 함께 참다운 자유의 결핍으로 사회 발전이 함정에 빠진 "동방적 단계"로 평가했으며, 막스 배버는 전 중국인의 운명을 자본제 발전에 도움이 못되도록 묶어 놓은 "고약한 중국 관료집단"이라고 평가했고, 최근의 위트 포겔은 지배적 관료가 관개를 위한 수리사업과 대형 토목공사를 관장함으로서 그 관료들이 막대한 농민 노동을 통제할 수 있도록 만든 "동방전제주의"로 평했다.[17]

고전학파의 영수인 동중서가 하늘로부터 천자가 되라는 명령을 공자가 받았다고 생각했던 한왕조 이래 유교는 그 우주론과 그 많은 해설 주석과 함께 도교 및 불교와의 조화를 이

---

16. 횡유란: 전게서 191~192페이지.
17. 정리창: 중국신사연구, 서문 14~19페이지.

루며 대체로 그의 성쇠를 거듭하면서 중국인의 사고 속에 자리 잡아 왔다.[18] 유교는 바로 지난 세기 말의 유명한 정치가이자 개혁가인 캉유웨이(1858~1927)와 근자 캉의 추종자들이 점증하는 서구의 충격에 대항하기 위하여 유교 토착종교 운동을 벌이게도 했고, 이들은 최초의 공화정 헌법이 1915년 기초되었을 때, 공화국은 유교를 국교로 채택하자고 주장했다. 그러나 활발한 논의 끝에 타협이 이루어져 헌법은 중화공화국이 유교를 종교가 아니라 윤리적 전범의 기본 원칙으로 채택할 것임을 분명히 했다. 그러나 이 헌법은 실제로 제정되지는 못했다.[19]

나. 왜 유교였나

하나의 문명이 동일한 기후 및 지형과 함께 또한 그 대지 위에 사는 10억 넘는 인구와 그들을 먹여 살릴 충분한 식량을 확보해야 할 간고한 고통을 이겨내며 발전해 온 중국사를 통 털어[20] 유교가 버텨 온 강인함을 나타내는 많은 암시들을 우리는 전장에서 보아 왔다. 중국 문명을 다루어 온 작가들은 서구 문명에 근거한 그들의 승자 또는 패자의 관점에서 환경 결정

18. 횡유란: 전게서 323페이지.
19. 횡유란: 전게서 325페이지.
20. 모트: 전게서 3페이지.

론을 활용했다. 대륙에 갇혀 있던 중국 농경생활의 특징이 초기 사상가들의 기본 개념을 결정지었다는 주장은 어느 관찰자에게나 매우 쉽게 납득되었다. 이것은 본 연구가 다시 되돌아봐야 할 중요한 과제로, 따라서 이 분야의 연구는 그 결정론의 태생학적 경향에 대해서만 언급하려 한다.

대부분의 서구 권위자들은 그들의 중국 사상 연구에서 늘어놓기를 특정 환경에서 특정 이론이 나온다 했으니, 유교가 많은 흥망성쇠와 맞서왔지만 결국 서구인들에게 제압되고 만 것을 보면 알 만하다 했다. 대부분의 동양 연구자들은 그들의 농경 환경에 짜증을 냈으며, 그들의 선배들이 공자 왈 맹자 왈 또는 노자 왈 같은 헛된 논쟁을 벌이다 서구 같은 사상을 창안하는 데 실패했다고 개탄했다. 이러한 주장은 유교를 어떻게 보아야 할 것인가를 암시한 것이다. 이 판단이 틀렸다면 그 결과는 훨씬 더할 것이다.

이런 판단과는 달리, 현 연구들에서 찾아보기 힘든 유교의 끈질긴 생명력을 언급하고자 한다.

첫째로 유교의 생명력을 밝히는 것은 농업사회에 대한 호소력이다. 그 농업사회가 온대와 아열대에 걸쳐 있어 사람들이 사계절의 변화를 분명히 보고 자연 질서를 쉽게 터득하며, 자연이 균형을 향해 움직이고 있고 사람은 그 일부로서 자연 질서와 조화를 이루며 살아가지 않으면 안 된다는 것을 알게 했다. 유럽에 있는 다른 사회에서는 사람들은 우주와 인간이 그들 밖에 있는 창조주에 의하여 창조되었다고 믿어 왔다. 중국에서는 사람들이 세상과 인간이 창조되지 않고 창조주-신 없이 자동적으로 자체 탄생적인 우주의 중심체를 이루고 있다고 생각했다.[21] 중국의 우주론과 우주진화론은 서양사의 신화나 종교 체제에서 우리들이 발견하는 어느 것보다 오늘날의 물리학적 설명에 보다 근접한 것으로 보인다. 실로 중국의 우주진화론은 유기적 과정의 진화론이며, 이는 바로 전체 우주의 모든 구성 요소는 하나의 전체적 유기체에 속하며, 이들 모두가 자동적으로 자체 탄생적인 생명 활동에 참여자로서 상호작용하고 있음을 의미한다. 이러한 자연관이 중국 사람들 가슴에 유교가 자리 잡도록 도움을 주었고, 도교까지도 오랫동안 그 영향으로 유교와 대화를 나누게 됐다.

둘째 이유는, 도가가 자연의 덧없음에 기대려 하고, 묵가가 자연을 마주하는 지나친 균등사상을 주장했지만, 유교는 현실적이고 세속적인 삶을 누리려는 인간의 뜻을 강조해 왔다는 데 있다. 유교는 사람들이 적극적으로 삶을 개척해 나가되 많은 불균형은 안 된다 했고, 또한 매일 들판에서 모든 생물이 자연 질서 안에서 열심히 살며 사이 좋게 협력하는 것을 목격하는 사람들은-사실 비교적 적은 저항을 받고 먹이를 구하는 생물은 모두 다 훨씬 평화롭다-결국 결과적으로 불평등을 확대하는 법가의 주장을 멀리하라는 가르침을 받아들여 왔다.

21. 모트: 전게서 18페이지.

셋째, 유교는 국가를 교화의 주체로 생각했고 농업사회에서 흔히 보는 생물들의 내부 질서의 연장선상에 현실적으로 존재하는 가족제도로부터 국가 질서(사회 질서)의 이상형을 이끌어냈다. 늘 변함없는 농업적 생산 수단과 그 협업적 특성은 단단하고 협동적인 가족제도를 발전시켰다. 이러한 관점에서 가족은 국가의 기본적 구성원일 뿐 아니라 유일한 권위의 원천인 셈이다. 국가 자체가 가족을 본 뜬 것이다. 중국어에서 '국가' 또는 '국민'은 '국가 가족' 또는 '국민 가족'을 의미한다. 국가는 마땅히 그 국민에게 아버지다운 배려를 보여야 하고, 반면에 국민은 통치자와 국가에게 충성을 다해야 한다. 그러니 국가의 눈으로도 효도가 국가에 대한 충성을 앞서는 것이다. 이 점이 유교가 가부장적 가족제도 하에서 더 설득력과 생명력을 갖게 되는 요소이다.

넷째로, 유교는 한편으로 가족과 국가 질서 내에서의 불균형을 인정하고, 모든 사람이 덕성 교육을 받아 덕성을 갖추게 되고, 나아가 모두 "군자"가 될 수 있도록 하는 보통 교육제도를 통해 조성된 실력 차이로 그 불균형을 합리화하려 했다. 유교는 모든 사람을 위한 평등 교육을 주장하고 모든 사람을 다 잠재적 성인으로 대접했다. 물론 유교는 교육 과정의 일부로 되어 있는 인문학·문예학을 크게 신뢰하고, 그렇게 함으로서 일찍이 앞서 간 선배들을 모범삼게 했다. 또 그렇게 함으로서 권력 추구나 실리 추구로 흐르지 못하게 했다.

보통 교육과 그렇게 양성된 덕망가를 통해서 사회 균형을 유지할 그물망 통로가 잘 확보되어 그 한 끝은 국민 속으로 뿌리내리고, 다른 끝으로는 군자가 연속 배출돼 왔으며 실로 이 기제가 잘 작동되어 사회적·정치적 탐욕을 중화시킬 정도가 된다면 실로 얼마나 이상적일까.[22]

끝으로 유교는 국민은 물론 국가가 따라야 할 많은 준칙을 제시했는데, 이로 인해 국민들이 서로 대화를 나누고, 참견과 잔소리를 끓여 붓는 기회를 자주 갖게 했다. 이로 인해 많은 불만들이 잠시나마 봉합되기도 하고, 결국에는 쌓이고 쌓여 반란에 이르기까지 했다. 유교 교리가 거의 예상치는 못했지만, 그 결과는 정부와 국민을 동시에 압박했다. 많은 사람들은 그래서 유교가 준행하거나 준숭하기를 바라는 여러 가지 규범적 준칙들에 둘러싸여 조용히 만족하며 살아왔다. 악한 정부를 만나면 더 이상 그들과 함께 하지 않고, 이미 그를 떠나 누군가 그를 전복하길 바라며 "언제 해가 질고" 중얼거리거나 "예부터 말하기를 왕이 어질지 못하면 대부도 어질지 못하며 덕망 있는 선비는 죽림으로 흩어져 몸을 숨긴다고 했다. 그를 갈 데까지 가게 하자, 결국 반란이 있을 것이다"라고 중얼거린다. 그러나 하나의 국가가 일단 세워지면 통상 2~3백년은 지탱된다. 그 간에 사람들은 선한 정부를 갈망하며 아니면 새 정부를 기다리며, 마음 속에 그리는 정부도 없이, 또 더러는 정부

___
22. 헤이건: 사회변동론 1967, 104~108페이지.

를 위해 갈고 닦은 지식으로 출세하길 갈망하며 삶을 살아간
다. 이와 같이 유교는 자연을 묵상하는 사람들의 소우주 속에
서 그 가치를 창조해 내기도 했다.

다. 유교의 아쉬운 점

우리가 보기에 중국 문명이 높게 평가받는 것은 아마도 그
한자 때문일 것이라는 게 가장 적절할 것이다. 중국 문명상 최
초의 문자 사용 시기는 기원전 2000~1500년 사이 검증 가능
한 역사 속에 나타났으며, 그 때부터 우리는 고고학적으로 물
질적 유물을 대량 복원하게 되는데 거기에는 주조기술과 예술
성 양면에서 놀랄 만큼 발달된 청동기술과 관련된 것으로 확
인된 복서와 같은 문서가 포함되었다.

우리가 기원전 약 1500년에서 비롯된 지난날의 상 문명을
기점으로 받아들인다 해도 상나라는 그 때 벌써 높은 수준의
문화를 지닌 중화제국으로서 자신을 자부했고, 덜 개발된 수
확물을 보여주는 주변 종족들을 거느린 핵심 국가로서 학문과
동제련술과 전차·병기 등을 놀라울 정도로 과시했음을 알 수
있다.

공자의 탄생을 기다리는 데는 상나라 건국 이래 거의 100년
이 걸려야 했다. 그 동안에도 수많은 책들이 온전한 채로 또는

후대에 와서도 현재와 같은 전적의 주요 부분으로 많이 보존되어 왔다. 이들은 광범한 연대기와 기록들을 비롯해서 역경易經, 시경詩經, 서경書經을 포함한다. 연구 대상으로서, 인간의 축적된 지혜의 보고로서, 전수된 주석과 해설의 전통으로서 이들에게 내려진 초점은 중국이 아주 초창기부터 어느 정도로 문서의 문명이었으며 쓰여진 기념물의 문명이었는가를 밝히는데 맞춰줘야 할 것이다.

전술한 저서 중에 역경易經은 중국 사상에 가장 지속적으로 광범하게 자극을 주어왔으며 오늘날 세계 문명사에 한 축이 되고 있다. 역경은 탁월한 우주론과 우주진화론 그리고 질서 정연한 가운데서의 창조적 활동과 자유를 위한 인간 잠재력에 관한 철학을 주도한다. 어떤 현대 사상가들은 역경이 상당한 가치가 있음을 인정했다. 예를 들면, 심리학자 칼 융은 그 저서가 무의식의 세계를 탐구하는 방법으로서 흔치 않은 중요성을 지닌 것을 발견하고,[23] "고대 중국 사람들 생각은 현대 물리학자들의 생각과 비교될 정도의 방법으로 우주를 들여다봤다. 그들은 그들의 세계관이 결정적으로 정신물리학적 구조라는 것을 부인할 수 없었다"고 풀이했다.[24] 고대 중국의 우주론과 우주 발생학은 서양 세계의 신화나 종교제도에서 찾아낼 수 있는 것보다 현대 물리학이 제시하는 이론에 좀 더 가까워

23. 모트: 전계서 19페이지.
24. 모트: 전계서 20페이지.

보인다.

　공자는 주대 중기 이후 군웅이 할거하며 서로 우위를 다투는 와중에 태어나, 이들 문화적 배경 속에서 그의 교화론을 확립해 나갔다. 그는 이러한 우주론과 우주발생론에 있어서의 자연과 잘 어울리는 인간 질서를 발견하고, 바로 그 가족제도로부터 그가 바라는 조화로운 사회의 이상형을 그려냈다. 그리고 이러한 맥락은 유교를 중국·한국·일본 같은 기나 긴 농업 중심사회에 꼭 들어맞을 정도로 빛나게 만들었다. 다시 약술하지만, 유교의 요체는 인간사회의 근본적 불균형을 인정하면서 모든 생물이 그 자신 전반적 균형을 이루는 방향으로 가고 있는 대자연 질서 속으로 수렴되고 있고, 그 가운데 인간만이 이 전 과정을 알고 있음을 근거로 해서 윤리적 교육을 통해서 그 지나친 불균형을 막자는 것이다.

　모든 사람은 불균형하게 태어났지만 죽음 앞에선 평등하다. 이와 같이 유교는 죽음을 긍정적으로 바라보며 출발했음에 틀림없다. 유교는 죽음을 뛰어넘거나 죽음으로부터 출발하지도 않았으며 오히려 죽음에서 이 세상을 조망했다. 거기에서 공자는 죽음을 앞둔 사람의 말이 착하다고 했다. 이러한 의미에서 유교는 현세를 지향했기에 어떤 종교를 품을 수 없었고, 다른 세상을 향한 종교적 계명 대신 윤리적 교훈을 가르치며, 사람들이 지난날 실제로 살았던 인사들에 대한 비판 총서인 많은 교훈들에 비추어 그들의 행동에 항상 주의를 기울여야 하며, 또한 그들이 세상을 떠나면 그들 자신들이 비판에 직면할 것이라는 것을 알아야 한다고 했다. 공자의 저서 춘추春秋는 공자의 지도적 원칙이 비판의 백미로 자리 잡고 있다.

유교는 또한 그의 두 반대론에 직면해서 그 중용을 설파한다. 그가 반대하는 것은 지나친 불균형이라며 법가를 진정시킨다. 법가의 선봉 중의 한 사람인 관중은 제환공(재위 기원전 683~642)의 재상으로 통치술과 치국책의 대가였는데,[25] 그는 분명한 법과 규칙으로서 그 당시의 전통적 치국책의 기반을 강화해야 하며, 국가를 부강케 하기 위해서는 통치자가 막강한 권위와 권력을 갖도록 해야 한다고 주장했다. 그는 더나아가 위대한 국가를 위해서는 수많은 백성이 필요하고, 권력 정치에 있어서는 백성이 정치 권력의 물질적 기초가 되어야 하며, 그렇게 강화된 권력은 도덕과 무관하게 유지되어야 한다고까지 했다. 그는 생활 방식과 관습을 규제하는 다양한 방식과 철, 소금, 주류와 같은 제품의 생산 판매에 있어서의 국가독점사업을 창안해 냈다.[26] 그는 정책의 중심을 백성의 안녕에서 국가 권력으로 옮기기 시작하면서 마침내 유교와 법가의 정치 이론 간에 타협할 수 없는 균열을 조성하기에 이른다. 맹자는 은근히 권력 정치를 패도(위세적 정부)라고 비난하고, 이와는 다른 왕도(자애로운 정부)라는 정치 이상을

---

25. 모트: 전계서 117페이지.
26. 모트: 전계서 119페이지.

제2장 유교 _51

발전시켰는데, 그 수단은 바로 이미 우리가 보아온 도덕적 힘과 설득이었다.

한편 유교는 근본적 불균형을 인정함으로 해서 묵가를 무마했다. 묵자는 신과 영혼을 믿으며 신인 동성 적으로 생각하고 곧이곧대로 믿는 일종의 신과 영혼의 종교인 토착 종교를 가르치는 중국 유일의 스승이었으며[27] 만인의 이익을 위한 겸애를 주창했다. 그는 사람은 누구나 행복을 얻기 위하여 혼신의 노력을 다 해야 하며, 전쟁은 생명과 재산을 가장 많이 희생시키기 때문에 가장 큰 악행이며, 의로움이란 전반적으로 개인의 판단을 무시함으로서 능률적 생산성과 공정한 분배를 방해하게 되며, 예악은 시간과 재물을 낭비하는 폐단이 크다, 하늘은 모든 백성을 다 같이 사랑하기 때문에 사람도 친소 없이 그래야 한다. 단순한 물질적 설명에 그친 그의 행복관과 가족 간의 깊은 사랑을 명백히 거부하는 그의 박애는[28] 평등은커녕 묵가적으로 엄격히 통제된 사회를 의미한다. 그러나 유교사상은 인간의 희망과 자연적 인간 의식에 가깝다는 것을 부인하기 힘들다. 사랑과 배려에 대한 유교적 우선순위는 유교사회의 이상적 서열과 맞닿는다.

동양적 환경에서 발휘된 모든 장점과 끈질김에도 불구하고 유교에 대한 몇 가지 비평을 가하고자 한다. 기본적으로 논의

---

27. 모트: 전게서 87페이지.
28. 모트: 전게서 89페이지.

대상에 대한 공자의 접근 방식은 거시적이었으나 그 이후의 많은 제자들은 그들 스승의 저서를 논평하거나 해석하며, 또 제례와 인간 성품 같은 별로 중요하지 않은 세부 사항에 매달려 많은 시간을 허비했다. 공자 사상의 계보를 따라 몇몇 걸출한 인물들이 있었다고는 하나 대부분의 재자들은 미개하다고 무시할 수만은 없는 서양 문명을 만나기까지 그들의 스승에 대해서 미시적 입장을 견지했다. 그들은 유교의 기본 이념을 제도화하지 못했으며, 실제 운영은 확립된 제도보다 구성원의 덕성에 의지함이 컸다. 현인군자관료제라 해서 그렇지 않다고 하겠지만, 거기도 부패에 물들기 쉬웠으므로 그 기강을 바로잡기 위해 '상류가 하류의 청탁을 결정한다'는, 곧 장기적인 부패 누적은 막을 수 없다는 경고를 들으며 훨씬 더 개인 덕성과 왕의 세대교체에 의지해 왔다고 할 것이다.

맹자가 폭군에 대한 주변부 백성의 역모권을 인정했지만 그 폭군은 수세기에 걸쳐 관료제도로 무장된 핵심 권력을 누리게 되었고, 그들이 주변을 넘어 핵심에 이르기까지에는 간고하고 긴 세월을 보내야 했다. 물론 그들은 국가가 어느 정도 축적된 덕성, 특히 현인 군자들에 의하여 운영되고 그 선에서 국가 권력이 존속하며 정권이 반복적으로 교체되는 기제를 통해서 그들의 이상사회가 구현된다고 생각해 왔다.

그러나 권력 내에서의 계속적인 불균형 확대와 이에 유착되기 바쁜 관료 제도를 조용히 지켜봄으로 해서 권력의 사회 변화 수용을 질질 끌게 했다. 변두리 오랑캐의 침략을 받는 외에 오랫동안 외부 충격이 없었던 무한 대지에서 변화에 대한 지나친 반응은 기대하기 힘들 뿐 아니라 사회 변화를 위해서도 바람직하지 않을지 모른다. 그러나 오래 유지된 일인 의존적 세습정치제도 하에서는 권력을 민감하게 바로잡기 위한 어떤 장치가 마련되어야 했지만, 아마도 단순히 야만사회라고만 할 수 없는 서양 문명과 조우할 때까지 잘 작동되기는 어려웠을 것이다.

이러한 맥락에서 중국이 서양 문명을 만나면서 우연히 명나라와 만족 지배의 청나라가 쇠망에 빠지는 비운을 맞이하게 된 것이라고까지 협량하게 몰고 들어가는 유교의 근시안적 접근에 우리가 매달릴 수 없다. 우리가 지금 중국 역사에서 수많은 폭군을 목격하고 있으니 더 그렇다.

이렇게 해서 우리는 현인 군자로 구성된 대의제 또는 오히려 가치면에서는 더 현인 관료제를 기대할 수도 있었지 않았나. 만일 유가들이 그들 스승의 심원한 열정의 끝까지 도달하려 애썼다면 이들을 제도화 할 수는 있었을 것이다. 중국의 오랜 지성사를 되돌아보면 우리는 이러한 비난을 참을 수 없다. 비록 태자 교육이나 충간을 위한 몇몇 제도를 확립하면서 그들은 그것을 운에 맡기는 게 최선일 것으로 생각했을지 모르지만, 중국의 역사를 통찰해 보면 국가 창업자의 창업 의지가 새로운 창조적 기풍을 흡수하지 못한 채 그 현인 관료제의 명맥을 살려 온 그만 못한 후계자들에 의하여 대부분 소진되고 말 았음을 알게 된다.

우리가 모든 사회 문제에 답하기 위해 단순히 권력 정치에 의지하면 더 이상의 비평이야 없겠지만, 엄청난 불균형을 막기 위한 교화론에 관하여는 우리는 보다 많은 여러 문제를 제기하지 않으면 안 된다. 그들은 고통 받는 사람과 가난한 사람들을 구제하기 위한 어느 정도의 비축을 마련하고 상인의 폭리를 방지하며 광범한 사학 외에 국립학교제를 수립해 온 것은 사실이다. 이 점에 관해서도 우리의 불만은 계속된다. 그들은 정부가 생산성과 교육에 깊은 관심을 가지고, 예를 들면 밝혀진 바처럼 적어도 그들이 17세기 초엽 서구 문명에 접하게 되기까지 생산성에 대한 보상 제도를 만들어 낼 정도로 그들 스승의 이상을 발전시켜야 했다.

제3장_ 근대화

가. 근대화와 산업화

바위를 언덕 꼭대기까지 굴려 올리려다 연거푸 굴러 내려오는 시지프스는 어리석을지 모른다. 근대화 작업은 이 시대의 무거운 짐인지도 모른다. 근대화란 용어는 저개발국 정치지도자들의 미사여구에 횡행하고 있다.

계수론으로 되돌아가 보자. 제1장에서 살펴본 바와 같이 인간의 사회적 활동은 행동계수의 증가에 불과하며, 그 결과로 일어나는 불균형은 그 계수의 체증 체감을 통하여 어떤 균형에 도달하기 마련이다.

이러한 상태를 사회적 균형이라 하자. 이 사회적 균형은 어느 사회에서나 상당한 기간 동안 유지하게 되는데, 그 기간에는 그 균형된 사회적 구조가 개인 또는 단체 사이에서의 각자의 계수를 만족시키거나 상쇄시키게 마련이다. 그런 사회적 균형이 어느 정도의 내부적 또는 외부적 자극을 받아 개인이나 집단 계수가 흔들리거나 좌절에 빠지면 그 사회적 균형은 천천히 또는 빠르게 변하기 시작하며 그렇게 해서 혁신, 저항, 폭동 그리고 혁명이 일어나게 마련이다.

근대화는 현 단계에서, 아마도 19세기와 20세기에 걸쳐 광범하게 진행되고 있는 하나의 사회적 변화이다. 근대화는 산업화의 결과가 뚜렷해진 19세기 후반의 유럽에서 시작되었다.

첫째 서구사회가 다른 나라들의 모범이 되었다. 그러나 오늘날 성공한 모델은 일본·러시아·중국을 포함한다. 오늘의 역점은 신생 제국의 근대화와 그 민족적 정치 체제의 발전에 놓여 있는데, 그 목표는 사회적 생산의 증대와 모든 국민에 대한 공정한 분배라 하겠다.

이와 관련하여 다음의 두 명제를 도출할 수 있다. 하나는 17~18세기에 영국에서 일어났던 산업화로서의 근대화며, 다른 하나는 산업화에 선행하는 정치적 내지 사회적 변화로서의 근대화다. 근대화는 상업화와 산업화라는 쌍생 과정을 거쳐 서구에서 처음으로 일어났는데, 그 결과로 종교와 미신, 가족과 교회, 중상주의와 독재정치가 공격받게 되었다. 그러나 많은 비서구권에서는 근대화는 상업화와 산업화라기보다 관료주의의 결과였다.

그러므로 근대화는 산업화와 무관하게 보일 수도 있었다–산업화는 서구에서는 근대화에 의하여 야기되었지만 다른 지역에서는 근대화를 이끌었다.[29] 역사적 사례들은 많이 엉키고 다양해서 산업화와 근대화의 가닥을 가려내기 쉽지 않다.

레비 교수는 근대화를 일정한 사회 내에서 동력과 도구의 활용 정도의 차이라고 정의했다. 근대화에 관한 그의 정의는 노력의 효과를 늘리기 위한 인공 동력과 인조 도구의 사용 정도에 달려 있다.[30] 앱터 교수는 근대화를 산업화와 다른 것이라 한다. 그의 근대화는 다음의 세 조건을 의미한다.-즉 아무런 방해도 받지 않고 끊임없이 혁신할 수 있는 사회제도(그리고 그것은 그의 본질적인 신념 중에 변화의 수용력을 포함한다), 세분되고 유연한 사회구조, 기술이 앞선 세계에서 살아가기에 필요한 기술과 지식을 제공해주는 사회적 체제.[31] 앱터 교수는 또한 산업화를 제조업에 관련된 근대화의 특수한 측면으로 이해한다. 그의 설명은 지나치게 간결하다고는 하지만 체계적이며 명료하다.

정치 연구를 위해 근대화의 동태적 측면은 다음과 같은 일반 명제로 설명할 수 있다. 근대화란 정치가 큰 역할을 해야 하는 인간 만사에 있어 역할과 복잡성을 증폭시키는 과정이며, 정부가 산업화를 위해서 그 권한을 행사해야 하는 특수한 정책 도구이다. 정부의 제 정책 수단에 관하여 기능적 적합성 여부

---

29. 앱터: 근대화의 정치학, 1969, 44~45페이지.
30. 레비: 근대화와 사회구조, 1970, 11페이지.
31. 앱터: 전게서 67 페이지.

를 제기할 때에는 발전 정책 수립과 여러 가지 정치체제가 형성되는 다양한 정치 풍토에 대한 철저한 검증이 허용되어야 한다.

우리가 근대화를, 어떤 산업 환경에서 기능적으로 얽히고 조직화된 채 산업적 하부구조가 연약한 체제에 나타난 역할의 확산으로, 그리고 늘어난 역할 분화와 조직적 복잡성으로 야기된 사회적 과제들을 의식적으로 조정 통제하는 과정으로 생각할 때, 주요 과제는 특히 정치 통합이 약한 사회에서는 역할 분화를 통제하는 과정과 근대화를 추진하는 역할의 확산과 분화를 평가해서 그 근대화 정도에 따라 여러 사회를 비교하는 것이다.

그리하여 우리는 근대화의 추상적 원리를 과장해서 근대화를 민주주의와 동일시하거나 일당 이상은 허용되지 않는 전체주의와 다른 양당제 또는 다당제 운영으로 설명하는 듯한 편하게 만들어진 서술적 유형들을 결단코 배재해야 한다. 20세기 중반까지 개인의 자유는 근대화에 가장 필수적인 것으로 생각되어 왔다. 그러나 소련이 산업화를 어느 정도 분명히 달성했을 때, 사회주의는 집산주의로서 계급 투쟁을 위한 마르크시즘이 아니라 개발의 수단으로서 상당히 인정받게 되었다.

자유 또는 잠재력, 정보 또는 강제, 현재 또는 미래 어디에 역점을 두느냐에 따라 이론적 또는 구조적으로 근대화를 위한 많은 유형의 정치제도가 있다. 어느 것을 선택하느냐가 사회의 도덕적 목적을 내포하며 그곳에 사는 사람들의 야망을 반영하게 되는데, 그렇게 해서 궁극적으로 안정된 질서-사회적 균형-에 이르게 할 만족스러운 수단을 마련하게 된다. 그렇다면 선택의 내용은 무엇이 되는가. 위에 언급된 역점을 어디에 두느냐에 따라 다르다.

서구의 이상적 정부 형태는 사상 자유 원칙을 제일로 여기는데 기초하고 있다. 정부의 도덕적 목적은 자유의 조건을 극대화하는 것이다. 그러나 자유는 공평에 이르러야 한다. 다른 대안은 잠재력의 현재화를 강조하는데, 이 강조는 근대화가 되어 가는 사회에서 마르크시즘이 도덕적 매력을 끄는 주된 이유가 된다. 발전의 목표를 평가하기란 매우 어렵다. 어떤 사람은 경제 성장의 가장 능률적인 형태는 경제 발전에 자유를 더해감으로서 이루어질 수 있다고 주장한다. 또 다른 사람은 잠재력의 활용이야말로 가장 의미 있는 당대의 발전 방법이라고 주장한다.

다른 한편으로 어느 정부나 제기되는 여러 문제를 해결하기 위해 적절한 정보를 필요로 한다. 정보란 어떤 선택 단계에 필요한 가치 있는 지식인 바 그 범위 내에선 대중은 대책을 지지할 것이지만, 그 단계를 벗어나면 대중의 연대는 깨지고 과격하고 강제적인 행동 요구가 일어날 것이다. 자유에 깊은 관심을 가지고 개인의 가치를 높이 평가하는 정부라면, 따라서 직접적인 강제 수단 동원은 매우 제한적이다. 공동체 목표의 달성 그 자체가 최고 최선의 가치요, 다른 모든 가치가 이에 종속된다고 할 정도로 전체 공동체와 그 잠재력을 중요시하는 체제 하에서는, 그런 목표 달성을 위해 필요한 경우 고도의 강제력을 행사할 수 있다. 이들 기능적 필수조건 사이에 중요한 동태적 상관관계가 있다.[32] 대단한 양의 정보를 가지면 선택은 합리적으로 되지만, 그러나 강제력이 없으면 선택이 무위로 끝난다. 그래서 선택이 모든 정부의 으뜸가는 활동이지만, 강제와 정보 존중 사이의 상관관계에 따라 결정을 보게 되는 것이다. 정부의 선택은 그 안의 모든 개인이나 단체의 선택과는 달리 그 단위의 모든 구성원에게 구속력이 있다. 강제와 정보의 혼합은 정부 정책의 구조, 곧 정책 결정과 평가 방법을 결정한다.[33]

근대화를 추진하고 있는 나라들의 정책들을 단순히 유용성을 기초로 해서만 판단하는 것은 그들에게 도움이 안 된다. 정부란, 결국 사회에 살고 있는 사람들의 세속이며 나아가 보다 고상한 목표를 반영하는 것이다. 이런 의미에서, 어떤 정부이든 그의 도덕적 기준보다 더 좋을 수는 없으며, 어떤 타당한 도덕적 판단도 이를수록 좋다. 근대화를 추진하고 있는 사회를 서구의 정치 형태라는 특수한 입장에서 판단하는 것은 공

---

32. 앱터: 전게서 238페이지.
33. 앱터: 전게서 256페이지.

정치 못하다. 비교 연구에서 어려운 점은 서구 정치의 우월감을 고수하려는데 있다. 우리는 도덕적 형식과 정치적 구조를 혼동해서는 안 된다.

여러 권력 기관들은 속물적이고 고상한 보상과 전망을 잘 배분해줌으로서 근대화되어 간다. 어떤 기관들은 개인의 도덕성이 속물적 욕망의 충족으로 고무되고 정치적 도덕성은 개인의 도덕성의 총화에 반영되게 마련이라며 속물적 욕망을 배분하는데 더 열중한다. 이와는 달리 도덕적 공동체의 이상이 실현되고 그 도덕적 공동체를 이루기 위한 장기적인 구상에 도움이 되지 않는 세속적 욕망들이 크게 억제당하는 것을 크게 희망하는 경우도 있다. 전자는 현재를 강조하고, 후자는 미래를 강조한다.

우리가 만약 정부의 시책들이 도덕적 관점에서 평가되어야 한다고 받아들인다면 우리가 택할 기준들은 무엇이겠는가. 이것은 어렵고도 매우 중요한 문제다. 한편으로는 공평과 자유, 다른 한편으로는 공평과 잠재력 사이의 정치적 연관성은, 역사적으로 평등의 이상이 되어 왔는데,[34] 그것은 역사의 현 단계에서 정부의 도덕성을 구현한다. 비록 근대화가 산업화를 이루기 위한 여러 가지 대책들을 의미하지만, 우리들은 지배-복종 관계에 바탕을 둔 전통주의는 근대화를 위한 수단에서 배제해야 한다. 그것은 근대화가 흔히 지배-복종 관계와 그들

---

34. 앱터: 전게서 13페이지.

과 오래 밀착되었던 유사한 잡것들을 타파하는 일과 연관되어 있기 때문이다.[35]

산업화는 피상적으로 소득 의식이나 참여 의식의 통합 대신 얼마 동안의 억압으로 이루어질 수 있는 것같이 보인다. 사회적 변화에 대한 아무런 이해 없이 산업화를 맹목적으로 모방하거나 애매하게 보수적인 여러 나라가 있다. 어떤 나라가 많은 산업화 없이도 근대화를 시도할 수는 있으나 근대화 없이 산업화하는 것은 불가능하다.[36] 라틴아메리카 제국에서 많은 유사한 사례를 찾아 볼 수 있지만, 가공·조립 그리고 산업적 기반 없이 추진되는 경공업을 근대화라 부를 수 없으며, 오히려 그것을 타국 산업제도의 단순한 연장이라 하는 것이 타당할 것이다.

우리가 정부의 도덕성과 평등성을 연결 지을 경우 제반 관심사는 나의 오랜 교화론에 집중된다. 교화란 현대 용어로는 평등사상을 의미한다. 그러나 산업화가 어떤 도덕적 정부가 아닌 극단적 비도덕 정부를 가진 영국에서 처음 일어났기 때문에, 우리가 다음에서 보듯이 당시의 혁명가들은 해방을 위해 나쁜 정부를 공격하다보니 그들의 전투 구호인 자유방임주의도 평등을 위해 개인의 자유를 제한하려는 선한 도덕적 정부조차 받아들이지 않았다. 그들은 경제적 부의 지배를 통해 그

---

35. 앱터: 전계서 63페이지.
36. 앱터: 전계서 67페이지.

들의 계수를 극대화 하기를 바랐고, 개인의 열정적 이윤 극대화를 통해 사회적 균형이 이루어질 것을 믿었다. 그들은 정부에 의해서가 아니라 자기 자신들에 의한 평등을 생각했다. 그들은 평등을 위한 적극적 정부가 아니라 평등을 위한 소극적 정부를 기대했다.

이러한 문맥은 이후 근대화를 위한 이론 구성을 자주 혼란시켰다. 영국과 같이 부도덕한 정부 하에서 개인주의를 발전시켰던 대부분의 유럽 국가들은, 부도덕한 정부를 물리치고 어떠한 도덕적 정부의 수립 없이 선례에 동화되면서 산업화에 성공했다. 이들 선두주자의 계수 극대화는 결국 오랜 식민화와 전쟁의 결과를 초래했던 바 이는 제국주의를 뜻하며, 나의 이론 구성으로는 국제적 계수작용을 의미하는데, 이번에는 대외적 또는 국제적 균형을 위해서만큼은 아니더라도 대내 균형을 위해서라도 지금 자신들이 평등에 실패하고 나서야 도덕적 정부의 필요성을 깨닫게 한다.

그러므로 우리는 근대화를 도덕적 정부의 수립이라고 감히 힘주어 천명한다, 그 도덕적인 정부는 평등을 실현하고 그 자신 현재까지 산업화가 추구해 온 물질적인 면의 질 높은 평등을 위해 몰두해야 한다. 후발 주자의 입장에서 근대화의 의미를 새롭게 하는 것은 매우 중요하다, 이는 여러 상이한 조건 가운데서 무엇을 선택하느냐에 따라 구체화되고 마침내는 도덕적 평등에 이르게 될 것이다.

나. 근대화의 발생사

산업화는 이방 엘리트들이 지배-복종 관계를 통해서 오랫동안 통치해 온 영국에서 최초로 일어났다. 영국에서 많은 토착 엘리트들은 장기간 수직적 상승 통로가 없어 고생을 많이 했다. 그들의 노력에도 불구하고 그 통로가 봉쇄된 것을 알고, 그들은 그들의 계수를 상업과 제조업으로 돌리려고 애썼다.

헤이건Hagen 교수는 영국이 경제 성장을 향해 주도적으로 나가게 된 세 가지 이유를 들었다: "전통사회가 대륙에서처럼 영국에서 공고하게 뿌리박기 힘들었다. 둘째, 초기 크리스트 시대로부터 19세기에 이르는 대부분의 기간 동안 영국의 최상위 엘리트들은 이방인이었다. 그들의 이방적 생활방식은 차상위 엘리트들을 괴롭혔으며 전통 가치에 대한 그들의 반발을 가속시켰다. 더욱이 영국이 대륙으로부터 분리되어 있다는 부분적 이유와 아마도 크롬웰의 절대주의에 이르는 일련의 역사적 사건을 통해 자신감의 상징인 무공을 외면하는 사회적 풍조가 대륙에서보다 영국에서 일찍이 사회적 불만 그룹에 의해서 조성되었다. 이러한 군사적 폭동의 금지는 에너지를 다른 데로 돌리는데 도움이 되었다.[37]

로마인들은 5세기 초반에 영국에서 철수했으며, 그 다음에는 엥겔스, 색슨스. 쥬트 족이 그 지역에 침입해 들어와 정착

---

37. 헤이건: 전계서 263페이지.

했다. 그들은 잘 조직된 대규모 군단으로서가 아니라 소규모의 많은 부대로 왔다. 대다수의 소 앵글로색슨 왕국이 발달했다. 그들 왕국이 수립된 훨씬 후에 각 왕국 내에 있는 여러 왕들 간에 심지어 귀족 간에도 피비린내나는 싸움이 계속되었다. 597년 영국에서 아우구스틴의 저작이 시작된 이래 급속히 전파된 종교가 지적 발달에 후원자가 되었다 할지라도 정신의 향상은 오래 지속되지 못했다. 9세기에는 교단의 많은 성원들이 눈에 띠게 타산적이었으며 세속적인 쾌락에 몰두했고 그들의 종교적 의무를 소홀히 했다.

한 사회적 집단의 성원이 다른 집단 및 성직자의 많은 성원의 부패한 탐욕스러운 행위에 대해서 일으킨 거듭된 전쟁은 정치적이며 지적인 계수를 좌절시켰다. 헤이건 교수는 이러한 좌절된 계수의 반응을 공격적 욕구need aggression라 했다.[38] 지배 복종 관계를 누리고 있는 안정적 전통사회 구조에 속한 제 조직들은 공격적 욕구가 일어나 전반적으로 확산되었다 해도 오랜 무풍지대에 처해 있게 마련이다. 이러한 현상은 공격적 욕구가 높은 사람들을 억누를 수 있거나 그들 일부를 그 계층사회에서 충분히 중요한 역할을 할 수 있게 해서 그들이 굴욕을 느끼기보다 만족해 하도록 할 수 있는 인사들이 있는 한 지속될 것이다. 아무리 지도자들이 강하다 해도 그 사회에서의 공격적 욕구가 너무 강하고, 그리하여 그 오랜 무풍지대는

38. 헤이건: 전계서 104~113, 267~268페이지.

공격적 욕구의 무한 투쟁에 의하여 종언을 고하게 되면 그런 이런 효과는 완수하기 힘들 것이다.

전장에서 본 바와 같이 부도덕한 정부인 이들 지배 복종 관계가 이방 엘리트들에 의하여 나타난 영국에서 공격적 욕구는 높게 축적되어 왔다. 바로 이들 높은 엘리트들의 이방성이 그만 못한 사람들을 자극했음에 틀림없었다. 이방성은 항상 토착 가치를 상하게 한다. 누구에게나 이방인들의 행동은 무례하고 부도덕해 보인다. 프랑스 귀족과 함께 다른 이방 엘리트들도 정복자처럼 행세하고 계속해서 그들 모국어로 말했다.

16세기까지 영국 왕들은 영국 국민들의 복지와는 별 관련이 없는 왕가의 야망을 이유로 프랑스 또는 스페인 귀족과 결혼하기를 좋아했다. 많은 여왕들이 조신들과 교회 간부들과 함께 줄지어 들어왔다. 무역과 금융은 오랫동안 외국인 손에 있었다. 14세기 내내 영국인들은 원모 이외 무역에 손댈 수 없었으며, 거기에서도 영국인들은 아주 적은 몫의 역할을 해야 했다.

고도로 전통적인 사회에서 고위 엘리트들의 행동을 비난하는 것은 거의 완전 금지되었다 하더라도 11세기 후반 이후부터의 상세 영국사는 많은 특별한 항의 사례를 들어낸다. 13세기 이후의 민족적 공격은 왕권과 사회적 고위층과 교회를 부패시킨 이방인들에게 집중되었다. 일반 민중의 비참한 호소는 영국에서 두 사람의 법왕청 간부가 정부 고위직으로부터 쫓겨나고, 의회도 헨리가 그 수입의 3분의 1을 법왕청에 기부하려는 것을 거부할 만큼 강렬했으며[39] 1381년 농민봉기가 있었다. 여러 사회적 항의는 사회적 기구를 단순히 남용하는 인사들보다 그 기구 자체를 공격했다.

농민들에게 어떤 한 유형의 행동을 촉발했던 긴장이 일부 하위 엘리트들에게는 또 다른 유형을 촉발했다. 이들 긴장은 어떤 사람의 개인 권력을 증강하기 위한 새로운 수단을 찾게 하는 계기를 만들었으며, 100년 전쟁의 경제적 제 조건은 무역·금융 그리고 산업조직을 그 가장 적합한 여러 통로로 만들었다. 동시에 방직공업의 성장은, 산업이 더는 그들보다 낮다고 생각지 않는 재간 있는 사람들이 차지할 수 있는 산업 조직 내에서의 많은 기회를 창출했다. 이러한 신흥 부호들은 왕에게 돈을 빌려주고, 새로운 금융기관을 설립하고 그리고는 그들의 능력과 힘을 새롭게 깨달았다. 더욱이 농민 폭동을 이끌었던 농민에 대한 반동적 조치들은 각자에게 자유로운 활동을 금했으며, 사회를 개혁하기 위한 또 다른 방법과 각자의 진가를 나타내 보려는 여러 방법들을 찾으려는 창의적 인사들의 새로운 결사체가 나오지 못하도록 막았다.

권력 강화를 위한 의회의 요구는 16세기 내내 이어져 왔으며, 17세기에 들어와서는 절대권을 회복하려는 스튜와트 왕가에 대한 항의 대열을 증폭시켰다. 일련의 항의는 영국의 복지 향상은 제쳐두고 왕과 귀족의 개인적 영광을 높이려는 제

39. 헤이건: 전게서 275페이지.

반 구상들에 주로 집중되었다. 어떤 사람이 가치를 지니지 않았다고 느끼는 것은 그가 외부로부터 어느 정도의 악의 위협을 받고 있다는 의미가 된다. 이러한 내부 불안 국민의식의 가장 뚜렷한 결과는 종교적 조직과 이를 뒷받침하는 신앙 체계에 심대한 타격을 가하는 것이다.

1536년 칼뱅은 그의 새로운 세계관을 선포했다: 사람은 신에 이르는 권위 조직이 아니라 곧장 신 그 자신에게 복종할 의무가 있다.[40] 인생의 선악은 권위 조직이 정해준 의식에 그가 복종하느냐에 달려 있지 않고, 그 인생이 신을 영광스럽게 하는 정도에 따라 정해진다. 새로운 경제적 활동은 인간의 자력 강화를 위한 하나의 수단이 아니라 신을 영광스럽게 하는 수단이었다. 권력 엘리트들은 새로운 종교들, 하위 엘리트들과 단순 평민들의 새로운 민족주의, 또는 새로운 자신감이 태동하는 의미를 모른 채 될 수 있는 대로 구질서를 회복하기 위해 나섰다. 그러나 소지주, 소상공인들의 도시 중산층, 자영업자, 도시 기술공, 대사업가−비국교도를 포함하는 집단들−그리고 많은 기회주의적 귀족들이 의회 지지자가 되었다. 1658년 완전한 종교적 질서를 닮은 군대식 통제로 생활의 모순을 해결하려는 크롬웰의 시도는, 농민 폭동처럼 실패하고 반동들이 지주 계급 및 호상과 제휴해서 권력을 장악한 정치적이며 사회적인 반동이 다시 등장했다.

---

40. 헤이건: 전게서 286페이지.

그러는 동안에 수세대에 걸쳐 평민들은 비국교인들의 주도로 많은 기술 혁명 지도자들을 배출했다. 수년간의 전쟁은 무기 생산 기술과 상류사회의 사치적인 소비를 자극했다. 뒤쳐진 많은 사람들은 물질 세계의 작동 원리를 연구하며 많은 만족감을 얻으려 노력했는데, 연구란 많은 창의적 인사들에게 깊은 만족감을 안겨주게 마련이고, 지적 이해의 증진은 그들에게 전문가로서의 자부심을 갖게 한다. 유럽에서 많은 과학적 성과들이 14세기와 15세기에 걸쳐 배증되었으며, 16세기에는 세 배가 되었다.[41] 영국에서는 17세기 유럽의 어느 나라보다 그 속도가 가파르게 계속되었다.

새로운 방법을 갖고 오는 대륙으로부터의 숙련된 이민자들은 기술 발전에 상당한 기여를 했다. 전통적 가치로부터 가장 소외되었던 사회적 집단은, 특히 신교 비국교도들은 그들의 독자적 가치를 누구에게나 호소하고 싶은 내면적 압박에 시달렸다. 그들은 그들 자신 사회적 분쟁과 거리를 두고 지적 용맹을 발휘하는데서 그들의 만족할만한 명성을 얻을 수 있는 길이 있음을 알았다.[42] 권력 엘리트가 반동적이면 반동적일수록 무시당하는 비국교 그룹은 성공도 하고, 그들의 개인적 존재감을 느낄 수 있는 분야를 찾기에 혈안이 되었다.

여기에서 우리는 이번 논의의 결론이 될 질문을 던져야 할

---

41. 헤이건: 전계서 15, 291페이지.
42. 헤이건: 전계서 292페이지.

것 같다. 기술이 왜 영국에서 그처럼 집중적으로 그리고 지악스럽게 전개되었는지를 검토해 왔다. 인류사를 넓게 훑어보면 기술 개량과 그에 따른 생산의 증대는 늘 도처에서 일어났다. 그러나 그러한 경향은 최근 시기까지도 너무 느려서 천 년 단위로 검색해 보더라도 각 단위에서의 진보는 별로 보이지 않았다.[43]

인류 욕망은 다양하게 전개돼 왔으며 따라서 계수의 내용도 복잡해졌고, 그간의 지능도 지식의 축적에 따라 달구어졌다. 환경도 변해서; 인구가 늘어나고; 경제적 욕망도 증대됐다. 이러한 요인들은 상호작용하게 마련이다. 계수 증대를 위한 여러 방법들이 모색돼 왔다; 육체적·정신적, 기타 등등. 모두들 서식지, 시간 그리고 공간에 따라 달랐다. 작은 기술 발전은 어디에서나 누적적으로 보다 큰 발전을 용이하게 했고, 지식 기반이 연속적으로 강화될 때마다 수많은 보다 진전된 추가적 강화가 야기되었다.

중국은, 예를 들면, 일찍이 종이·인쇄·도자기·화약·석궁·나침판 같은 기술 제품과 그리고 잘 알려지지 않은 발명품을 발전시켰으며, 이들이 유럽에 건너와서는 거기에서 통상 수세기 후에 때로 광범위하게 문명 발전에 영향을 미쳤다.[44] 유럽과 비교해서 훨씬 뒤진 중국 기술에 대해서는 그 방법론을 검토

---

43. 헤이건: 전계서 10페이지.
44. 보데: 중국의 문화전통,1957. 39페이지.

하기 위해 수많은 학자들이 열정을 쏟아 부었다. 니담은 그의 저서 중 가장 감격적인 몇 페이지에서, 화이트헤드와 같은 철학자들과 아인슈타인 같은 물리학자들 중에서 논구된 "유기체적인" 우주관은 많은 점에서 오래 전에 중국에서 논의된 관념들과 아주 유사한 바, 아마도 그런 관념이 중국으로부터 철학자 라이프니츠를 경유해서 유럽에 들어왔다는 학설을 확립했다.[45]

아무튼 앞선 논의에서 제시된 바와 같이 혁신의 주안점들은 각자의 역사적 배경을 통찰함에 의해서 해석될 수 있었다. 여러 대립각을 만들어보는 게 유용할지 모른다. 도덕적 정부와 비도덕적 정부, 현인 군자 관료와 이방 엘리트, 농업과 상업, 채식자와 육식자, 화해적이냐 호전적이냐 등등. 역사를 연구함에 가정은 금물이라 했다. 그러나 중국 엘리트들이 "현인 군자"가 되기 위해 얼마나 혼신의 노력을 했는지를 상상해 보자. 상인과 발명자보다 그리고 중국 역사에서 한 부호상이 그의 전 재산을 걸고 아들을 현인 군자로 만들려고 애쓴 일화를 떠올려 보자. 그와는 달리 영국 역사에서는 한 부패 관료가 어떤 부호로부터 뇌물을 먹고 그에게 개인주의를 허용해서 제조업에 뛰어들게 하고, 그 관료는 결국 권력에서 쫓겨났다. 이들 조건이 뒤바뀌었다면 얼마만큼 그 결과가 달라졌으랴.

우리는 우리보다 더 이르거나 또는 더 늦은 한 사람의 가치

---

45. 보데: 전게서 78~79페이지.

관을 우리와 같다고 여기는 과오를 피해야 한다. 왜냐하면 우리가 민주적 정치 절차를 선호했기 때문에 사람은 천성적으로 민주주의를 선호하는 것으로 생각해서 민주주의에 대한 역사적 경향을 설명하기 쉽다. 우리가 도구와 기계를 사용해서 작업하는 것을 자연스럽다고 생각해서 또는 개인들이 이윤 극대화를 추구한다 해서 다른 사회, 다른 시기에 사는 사람들이 그런 활동을 싫어할는지 아닌지를 의심해 보는데 실패하기 쉽다. 인류사를 넓게 훑어보면 우리가 이미 눈치 챈 바와 같이 우리는 도덕 추구, 권력 추구, 이윤 추구, 부력 추구, 향락(여가) 추구 등등 많은 사례들을 발견할 수 있다. 그리고 현재 문명에 관한 한 그것은 단지 2백년을 좀 넘게 지탱해오고 있는 셈이다.

다. 유교와 근대화

근대화가 산업화를 위한 도덕적 정부를 의미한 까닭에, 유교적 관점에서 보면 그것은 유교적 교화론에 입각한 도덕적 정부의 회복이라고 말할 수 있다. 19세기에 서양 문명이 동양사회를 덮쳤을 때 그의 산업주의와 개인주의는 당대의 지식인들에게는 놀랍고 신기해서 그들은 그것들이 그들 조상들이 이미 이겨 낸 법가사상에 불과하다는 것을 이해하지 못했다. 몇몇

학자들, 예를 들면 중국의 강유위와 일본의 미도학파는 모호하게나마 이러한 문맥을 깨닫고, 각각 그들이 우연치 않게 직면한 부패에 빠진 부도덕한 정부의 개혁을 외쳤다. 그들은 '동양의 윤리와 서양의 과학'이라는 구호를 내걸었지만, 전자는 공자 이론을 무시하거나 수용할 수 없는 마르크스 이론이 뒤따른 가운데 백일천하로 막을 내렸으며, 후자는 부도덕한 정부를 이끌어 온 사무라이와 타협해서 씻을 수 없는 옆길, 침략과 전쟁 범죄를 저질렀다.

　많은 동서양 학자들은 개인주의의 싹을 짓부셔버린 동양사의 결함들을 찾아내는 연구에 몰두해 왔다. 그들은 서구 문명에 호의적인 편견을 지녔으므로, 동양 문명을 자기 본위로 해석했고 역사적 분규를 지배 계급의 단순한 활기로 보았다. 그들은 그들의 노력을 중국 연구에 집중했다. 그들은 예를 들면, 중국을 근대 서구문명의 거울 모습이라 했다. 서구의 근대사회 발전사는, 중국 역사란 거울에 비추어 보았을 때, 중국에서 있었던 일에 바로 반대 현상으로 보인다.[46] 왜 중국에서는 서양의 그것과 비교될 수 있는 자본주의 형태가 나타나지 않았는가? 문예부흥기 이전까지 중국이 기술적으로나 과학적으로나 서구를 앞섰다 하더라도 왜 중국 문명은 자본주의까지 이르지 못했는가?[47]

---

46. 발라츠: 중국 문명과 관료제도, 1966, 21페이지.
47. 발라츠: 전게서 35페이지.

지주 귀족의 지위는 8세기 이래 관료제와 문필시험제 도입으로 흔들렸다.[48] 한 계급으로의 상인 집단은 비록 뇌물을 주고 문필 관료와 잠정적 타협은 있었지만 결코 독립적인 지위를 얻지 못했고, 그들이 하나의 계급으로 보이는 순간 그들의 재산과 그들의 사업은 넘겨지게 마련이었다.[49] 여기에 때로 "효도"로 잘못 알려진 유교의 제일 덕목인 효, "복종"이 있다. 이 덕목을 끈질기게 주입하는 효과는 중국을 순종적 다수를 생산하는 공장으로 전환시켜 왔고, 그래서 동양적 전제제가 존속될 수 있었다.[50]

그리고 그들은 개인의 자유를 통해서 산업화에 이르는 많은 방법을 암시하고 일본의 역사로부터 서구적인 유사한 것을 찾으려고 했던 바, 일본사는 유학자의 관점에서 보아 오랫동안 도덕적 정부의 나쁜 예를 발전시켰으며, 현인 군자 제도도 수직적인 채널이 아니라 정글 법칙의 군기가 있을 뿐이었다. 유교는 거기서 폐쇄적인 상류계급에 무사도와 신도처럼 변태적으로 자신을 뿌리박고 있었다.

지금까지 살펴본 것처럼, 근대화의 핵으로서의 제조업 산업은 기술 복합적이다. 재료는 기술에 의해서 재화가 되고 노동의 질이라고도 할 수 있는 지적 진화를 따라 복잡화 되면서, 불균형 관리-교화의 오랜 실패 때문에, 자기 희생과 자아 선

48. 발라츠: 전게서 40페이지.
49. 발라츠: 전게서 15~16페이지.
50. 발라츠: 전게서 15~16페이지.

언의 산물인 소위 산업혁명에 의해서 눈부시게 고양되었다. 기술은 지식처럼 보급할 수 있으며 나누어 가질 수도 있고 침투할 수도 있고 결국 멀리 가면 평준화 될 것이다. 요점은 무엇이 사람들을 독창적이게 하는가. 서양에서는 오랜 억압으로 인해 소수의 엘리트는 자아 선언의 수단으로서의 사업과 기술에 독창적이게 되었으며, 자아 선언의 내용은 신 앞에 영향력을 증대하는 것이었다. 그러나 그것은 영향력이 신 앞에서 증대된다는 것을 의미하지 않았으며, 결과로 생기는 물질적인 향유도 결코 사람들을 창조적이거나 산업적으로 강화하는데 유일한 방법이 못 되었다. 우리는 단지 신을 위한 개인적 영향이나 자유 그리고 나아가서는 수익의 극대화 그 자체만을 위한 경쟁을 바라보고 마는 오류를 쉽게 범할 수 있었다. 종교적이거나 윤리적 신앙, 인종적이거나 민족적 충성, 소유하거나 분유하는 감정이 있을 수 있다. 그러므로 모든 역할을 창조적이게 하고 역할 분화—개인적이거나 집단의—완성을 내포하는 근대화의 도구 선택은 후에 올 사람들의 토착문화적 배경에 달려 있다.

이제 결론을 내릴 때가 되었다. 유교문화를 가지고 있는 후발 주자들이 근대화에 이르는 최선의 방법은 유교의 도덕적인 정부에로의 위대한 부활이다. 그 정부는 현인 군자에 의하여 운영되는 '국민의'가 아니고 '국민에 의한'도 아닌 국민을 품에 안고 '국민을 위한'도 아닌 국민에게 자애로운 정부다. 국민들을 개체화하는 것은 모두가 가족처럼 살아가려는 전형적인 동양사회에서는 어울리지 않으며, 된다 해도 오래 걸릴 것이다. 선진국은 국제 관계에서 그들의 극대 계수를 휘두르며 후진국을 선동해서 그들의 선례를 따르게 하며, 그렇게 함으로서 자기들을 따라잡지 못하게 한다. 게다가 선진국 사람들도 도덕, 윤리, 가족제도의 퇴화로 인한 여러 가지 사회적 문제를 야기한 개인주의에 회의를 품고 있다. 산업 공해를 포함한 그러한 문제들은 소위 저개발 못지않게 심각하다. 왕정복고는 서양에서는 반동과 보수를 뜻했으나 동양사에서 그것은 혁신과 진보를 의미했다. 우리의 선조들이 계발한 동양적 지혜의 많은 보물은 우리가 왕정 복고로 갈 경우에 이를 향유하게 되지만 모방으로 가면 이를 버리게 된다. 그리고 모방의 잘 알려진 사례가 한국적 개발이다, 그것은 경제적임은 물론 정치적으로도 이제 큰 시련에 직면해 있으며 획기적인 변화를 필요로 하고 있다.

개요

최근의 생화학과 생물리학이 밝혀낸 바에 의하면, 생명이
란 세포벽의 내부와 외부 간에 액체 농도의 불균형이 빚어 낸
한 현상으로 그리고 그 불균형을 유지 보강하기 위하여 내부
가 외부로부터 (무엇인가를) 빨아들이는 현상으로 풀이된다.
대자연에서 벌어지고 있는 모든 현상은 자연성이나 균형이라
는 열역학적 개념인 엔트로피의 증대를 의미하며, 따라서 살
아 있는 조직은 끊임없이 그 엔트로피를 증대시키는데, 그 극
한 엔트로피가 곧 죽음이고, 그 조직은 환경으로부터 부의 엔
트로피를 끌어들여 생명을 유지할 수 있다. 행동(움직임)이란
이런 불균형 확대와 엔트로피 감소현상으로부터 유래한다.

인간은 서로 협력하게 마련인데, 이는 그들이 협력의 여러
장점을 알기 때문이다, 거기에서 그들은 불균형을 균형화하기
시작한다. 결국 이런 균형화 노력은 교화로 발전해서 종교, 윤
리 기타 등으로 추동되고 더 전개된다.

최초로 중국 역사와 당대 사조를 집대성한 인물인, 최초의 보통교육과 평등교육 제창자인 그리고 지식인 통치의 확립자인 공자를 그 창시자로 하는 유교는, 현대 물리학 이론으로 엔트로피 극소화와 극대화라는, 생명의 균형성과 불균형성을 폭넓게 이해한 하나의 교화론에 다름 아니다. 유교는 기본적 불균형으로서의 선천적 조건을 인정하면서 도덕적이고 지적인 인품의 오차는 있지만, 교육을 통해서 사람들을 평준화하려고 애썼으며, 그 사람들이 향사제도로 통합되어 가족제도를 가부장적으로 운영하려 했다.

　　영국에서 이방 엘리트의 오랜 지배로 억눌린 공격적 욕구가 창출한 산업화는, 현 시대의 사회적 요구로 200년 그 이상을 인류사회의 최우선 가치가 되어 왔으며, 역사적 사건의 연속선상에 있는 다른 시대의 여러 요구들과 같이 사회적 요구의 주도적 담당자로서, 사회적 균형을 향한 개인이나 단체의 다양한 역할을 통합하는 도덕적 정부에 의해서 달성할 수 있는 것으로, 비록 사회적 요구의 강력한 실행 의지가 지배 복종의 억압적 태도로 통치하면서도 그 사회적 요구를 잘 처리하는 선한 정부로 가장한 부도덕한 정부에 의하여 때때로 합법 통치 수단으로 오용된다 하더라도.

　　근대화는 산업화라는 현재의 사회적 요구를 위한 도덕적 제도화이며 그것의 과정은 사람들이 원하는 세속적 가치, 그들이 원하는 산업적 배경에서 살기를 원하는, 의 통합과 더불어 시작된다. 그러므로 근대화는 많지 않은 산업으로도 가능하지만 산업화는 근대화 없이는 달성될 수 없다. 근본적으로 평등 지향적이 아닌 정부는 도덕적인 정부라 할 수 없으며, 비도덕적인 정부 하에 어느 정도의 산업이 있다면 우리는 그것을 산업화라 할 수 없으며, 있다 해도 그의 장식품이며 기껏해야 상부구조 없는 외국 산업의 단순한 연장에 불과하며, 그 결과는 부패와 억압과 혼란이다.

유교는 근대화론 중의 하나다. 왜냐하면 그것은 도덕적 제도화의 이론이며, 도덕적 표준은 가족과 가족(같은) 사회에 의한 사회적 균형이다. 공자는 여러 다른 시대에 있어서의 모든 사회적 요구가 도덕적 정부와 도덕적 사회가 있을 경우 잘 성취될 수 있으며, 그것은, 그에게 있어서는 사회적 욕구를 달성하는 선결조건이라고 생각했다.

요컨대 산업화는 그의 역설적인 맹아론에도 불구하고 이 시대의 사회적 요구이며, 다른 사회적 요구처럼 도덕적 정부에 의해서만 성취할 수 있으며, 현재의 그 도덕적 제도화 과정이 근대화이다. 이를 위한 방법은 여러 가지가 있는 바, 윤리적 또는 종교적, 민족적 또는 인종적, 개인적 또는 집단적 방법 등등. 근대화를 위한 적절하고 적합한 길은 특정한 지역의 토착적·정치적 그리고 사회적 문화에 비추어 찾아내야만 한다.

유교의 학설이 오래 보급되어 온 유교권에서 근대화에 이르는 최선의 유일한 방법은 위대한 유교의 유신이다.

Confucianism and Modernization

By

Dong Woo Hahn

To my grandfather and father

Preface

Criticism flows in my vessel as a river and it has sometimes been pointed out as a fault-finding complex, makes me a perfectionist, which might be derived from the confucian ethics.

I had worked in the Ministry of Finance for about ten years and critically observed the economic and social development in this country, and its rattling and discrepant molding of a western complex, when I was awarded the Parvin Fellowship for 1972~1973 of Woodrow Wilson School of Public & International Affairs, Princeton University. At the time of application I said I wanted to study the political and social background of development and the role of foreign capital and indigenous industry.

During my stay in princeton, professor Gilpin of Field I, International Relations, and professor Levy of Field II, Modernization and Development, helped me to arrange my old piecemeal knowledge and thought, with glimmering words of my grandfather, who was a confucian teacher, and my father who was a nationalist and a medical doctor. With the help of facilities which Princeton provided, the host family system, one-month bus trip, the Gest Library, the oriental collections, the students therein, I was able to focus my study on the social changes rather than the economic changes. When I saw Lenin's portrait in stead of Confucius, standing with Mao's in the Peking Park on a screen, together with other Chinese cultural settings, I had a passion for research on the changes of Chinese society.

My belief in Confucianism and in the social equilibrium it causes in the family, the family-like society it creates and its rule of intellectuals, was enforced by discussions with Korean fellows in Princeton University, Dr. J. Chang in biology, Dr. S. J. Choi in physics, Dr. C. K. Chang in bio-chemisty, Dr. H. J. Ahn in archeology, and Ph. D. candidates, Mr. J. H. Pyon in the oriental history, Mr. B. J. Kim and U. C. Chung in economics. Mr. B. S. Kim, Ph. D. candidate in space engineering, with his long experience in United States, sometimes prepared the discussions for a comparative study of the oriental and occidental cultures among Korean students there, I was very happy to meet them, and appreciate their help.

Finally I am very grateful to Dr. H. B. Lee, then Director of Technology and Development Institute in University of Hawaii, who recommended me for Princeton University, and Secretary General J. Y. Kim, Minister D. W. Nam, Dr. H. Yu and I. J. Hwang, who also recommended me as a candidate for the Parvin Fellowship and helped me to obtain the grant.

Hearing criticism of Confucius and Lin-Piao,

D. W. Hahn

1974, Seoul

Chapter 1. Basic Hypotheses[1]

A. What is Life?

What life is has long been of interest to man, particularly, to philosophers, theologians and scientists. But this enigmatic problem has loomed during the last nineteenth century and the early twentieth century. This is in the main due to the development of biology, genetics, physics and bio-chemistry.

To begin with, the structure of an organism is explained by cytology and finally atomic physics. The arrangements of atoms in the most vital part of living

---

1. Hypotheses because it is not proper to pick up here very controversial items in scientific world. The new interpretation of life and its relation to beavior might be absurd. Moreover without close examination into other related theories like Freudian unconsciousness I dare to build an influence increase and edification theory.

cell—the chromosome fibre—and the interplay of these arrangements differ in a fundamental way from all those arrangements of atoms in inanimate things. The difference is in the point that a physical organization is very well—ordered organization. But all atoms perform all the time a completely disorderly heat motion—response to temperature—, which opposes itself to their orderly behavior and tends to go over into disorder.[2]

In a physical organization enormously large number of atoms cooperate to acquire truely orderly feature with an accuracy increasing as the number of atoms involved increases.[3] How are we to understand that it remains unperturbed by the disordering tendency of heat motion? Here we can use the quantum theory which reveals the features of discreteness, that energy transfer occurs in pulsations rather than continuously. A pendulum, for instance, that is set swing is gradually and continuously slowed down by a friction, in this case, by the resistance of the air. But a system of the order of the atomic scale is unable by its very nature that possesses

2. Erwin Schroedinger, What is Life? & Mind and Matter, Cambridge University press, 1969, pp. 10~11.
3. Erwin Schroedinger, Ibd., pp. 10~11.

only certain discrete amount of energy to adopt any arbitrary configuration and for the transition from one configuration to another—quantum jump—the system must be supplied with a different energy from outside.[4]

When a system that is not alive is isolated or placed in a uniform environment, all motion soon comes to a standstill as a result of various kinds of friction: differences of electric or chemical potential are equalized and after that the whole system fades away into a dead, inert lump lf matter. The physicist calls this the state of thermodynamical equilibrium, or of maximum entropy.[5] Then how does the living organism avoid the rapid decay into the inert state of equilibrium? Every process, event, happening, in a word, everything that is going on in Nature means an increase of the entropy of the part of the world where it is going on. Thus a living organism continually increases its entropy, in other word, produces positive entropy and finally approaches the dangerous state of maximum entropy which is death. It can only

4. E. Schroedinger, Ibid., pp. 53~53.
5. E. Schroedinger, Ibid., pp. 74. For further study of entropy, see George Gamow, Introduction to Natural Science, translated into Korean by Chang Soo Kim & others, 1972, pp. 81~82 and for the thermodynamics of life see pp. 172~173.

keep alive by continually drawing from its environment negative entropy. The essential thing in metabolism is that the organism succeeds in freeing itself from all the entropy it cannot help producing while alive.

Here we can rearrange this context like that apart from the zero entropy at which the temperature of ant substance is absolute zero point roughly minus(-) 273'c all moving things tend to approach maximum equilibrium that means inertness by increasing entropy and a all living things among them delay the decay into maximum equilibrium that means death by increasing negative entropy, by compensating the entropy increase they produce by living.

Thus the quintessence of moving is inequilibrium, that is, maintains itself on a stationary and fairly low entropy level, in other word, maintains itself stationary at a fairly high level of orderliness by continually sucking foodstuffs from its environment.

B. What is Behavior?

As we have seen in the preceding pages the unfolding If events in a living organism exhibits an admirable regularity and orderliness, unrivalled by anything we meet with in inanimate matter and such orderliness escapes the decay into atomic chaos by securing foodstuffs from a suitable environment. The point to stress here is that the living process is of maintaining orderliness inside by maintaining imbalance (inequilibrium) outside.

This orderliness is controlled by a supremely well-ordered atomic association—chromosome molecule —which represent only a fraction of the sum total in every cell. The growth of an organism is effected by consecutive cell divisions—mitosis—in which every chromosome is duplicated. Very soon after the development of the individual has set in, a group of cells is reserved for producing at a later stage the so-called gamete, the sperma cells or egg cells needed for the reproduction of the individual in maturity. To put it briefly, an organism as an existing order displays the power of maintaining itself in a state of orderliness inside and a state of imbalance outside, and both states depend upon metabolism: eating, drinking and assimilating. The permanency of the organism is insured by fertilization— syngamy—. Here we see a prototype of organic action. In certain living things, which represent a higher degree of atomic association—more sophisticated organisms—, this action develops into two behavioral actions: eating and reproduction. These two together depend upon the imbalance-maintenance motivation. Human behavior is, likewise, primitively derived from the imbalance-maintenance motivation, which we might say as appetite.

Almost all aspects of human appetite can be properly interpreted in terms of biological, evolutionary heritage. As the structure of the cell began to be better understood it became evident that hereditary transmission depends upon the information coded in the structure of chemical compounds within the cell nucleus.[6]

It can thus be said that human appetite has been associated with ecology and methods of subsistence and, in particular, with the correlations between habitats —forest, forest fringe, treesavanah, open grassland,

6. P. V. Sommers, The Biology of Behaviour, Sydney, 1972, pp. 4.

riverside, etc. —and man's appetite, beginning with a primitive one, has been diversified with the development of human history and therefore the imbalance which should be maintained for physical life has been evolved to the one which is maintained for the more sophisticated life. Behavior as a compensation of appetite to maintain the imbalance has also been evoluted.

C. Behavior Coefficient

If we look at the behavior more analytically it presents itself as a power against its environment, the exercise of which brings about influence. The effect of influence is a satisfaction—a sense of achievement— and we can rearrange these contexts as follows: $I=cB$ (I; Influence, B; Behavior, c; Coefficient), What is the c? Here we return to the theorem of the imbalance. The c is imbalance itself, the mechanical function of which is power exercise.

If we want to increase satisfaction we have to exhibit influence, and if we want to exhibit influence we have to increase the coefficient, that is to expand imbalance.

When we trace back human history we witness numerous activities for expansion of the coefficient—imbalance. We finally come to the idea that human history is no more than an evolutionary accumulation of these activities, as discribed above, varying with habitat and adaptation to habitat. To begin with, a man tried to make his body sinewy and a woman endeavored to make her body beautiful. They built a family and they invented a tool. Being confronted by the challenge of the environment human wisdom was cultivated.

Physical strength determined a ruler; a patriarch hinged on his seniority of membership, astrological or meteorological wisdom was accorded sovereignty and a leader of carnivores had to have hunting skills. As an acme of the device for the coefficient, an organization, large and small, hierarchical and delegatory, political and nonpolitical—and at the end, a state—was generated. In the organization each member at a different level possesses a different degree of the coefficient and each member tries to increase his coefficient. In the state the ruler orders and the ruled obey, sometimes the ruler plunders and oppresses, and the ruled are exploited and oppressed. The conflicts among coefficients cause quarrels, crime, battle and war.

D. Edification

In primitive society where there were not many objects of the coefficient but, at most, some physical strength and some hunting or gathering skills, there was little conflict between coefficients and therefore little imbalance. If there was any conflict, it was balanced by the identification of the family or clan order with the organic order—internal order—, because the family members are the other selves of the patriarch. But as the coefficient began to be evolved variously and cumulatively conflicts have proceeded sharply and conflicts became polarized, in which someone or some group had a stronger coefficient while the another one or another group had only week coefficient and there was no way, if any but narrow path for the latter to approach the former.

There developed a countervailing coefficient—edification, meant to bring both poles convergently to a level, without which trouble would arise and the whole society go into chaos. Edification, therefore, dealt with the imbalance of physical strength, skills, slaves, properties, knowledge, etc. And finally state power which dominated all others. From an early state in history edification has aimed at both sides of the imbalance and, but once played in the political structure, it also usually served, in the result, to the oppressors to stabilize their powers. Sometimes it has emphasized the ruling powers to be suppressed and on the other hand it has emphasized the wretched groups to be enhanced. And it has encouraged the new rulers to take over the political powers for the pretended benefit of the oppressed.

Edification, while betrayed so much by the monarch and the demagog, has contributed considerably to the moderation of the imbalance. Here we have to distinguish the edification from such a simple skill-teaching as ruling skill, etc. The point is the difference between the balance-oriented and the imbalance-oriented. There have been two main streams of edification; some religions have derived their equality problems from the proposition that the secular imbalance would be redeemed with almost reverse imbalance after death, and others have derived their balance problem from the proposition that the imbalance is deviant from nature which is going to balance.

E. Equilibrium
—the End of Edification—

When we consider the edification as a reflection of nature which is converging or returning to equilibrium to what extent can we imagine it is going on? Logically we can imagine so far that human seed should be homogeneous and also the environment of the growth should be uniform and then the products should be distributed equally. The managers of these arrangements should be assumed in turns. But realistically a little we can imagine to the extent that all men should have equal education at their early ages and each ability, so enlightened, should go to the suitable products, which should be distributed proportionately to the ability. The managers should be assumed by the ability which is exploited by the equal education.

Therefore we can realize that education is vital for the equilibrium. Education, which we should thus consider, is a means of social equilibrium in which individuals have equal opportunity to exploit each ability and the ability so exploited brings them in touch with social products. At present we cannot have further choice but so far to satisfy to this extent of the equilibrium, where a congenital differences could be hardly overcome yet.

All men are created inequal but all men are treated inequal less than created.

Chapter 2. Confucianism

A. Genealogy of Confucianism

Confucianism, though not be highly systematized and compartmentalized into somewhat clear concepts like philosophy, politics and science in western knowledge are, implies edification of ethics and actions which derive from nature and return to nature. while thinkers in the day on the French Revolution advocated equality in terms of nature, where men had been free without man-made institutions of status or class. Confucianism has survived throughout the millennia of Chinese history, competing with a number of theories—of which, for instance, MO TZU introduced "The will of Heaven or God" for his all-embracing love that results absolute equality,[7] Lao Tzu urged egocentric individualism in harmony with nature,[8] and Han Fei Tzu believed, instead of idealistic programs for doing good to the people governed by the ruler, high concentration of power in the person of the ruler, by enforced practical law alleged as conformable to human nature which to seek profit and to avoid harm[9] —with the idea that human being is a part of nature which is going to harmony—equilibrium—and as a living being he wants to have influence which evolutes from primitive one to sophisticated one and conflict of which, accordingly, evolutes from simple moderate one to polarized one and eventually should be edified to a level of equilibrium or Golden Mean, for which ideal model derives from family system and toward which highly virtuous literati educates and rules people.

There is much debate about the meanings of Ju chia as the origin of Confucianism. Chinese thought bloomed from the fifth through the third centuries B. C. we call it the Golden Age of Chinese thought beginning about the

7. Fung Yu-Lan, A Short History of Chinese Philosophy edited by Derk Bodde, The Free press, New York, 1966, pp. 53~54.
8. See Frederick W. Mote, Intellectual Foundations of China, published by Alfred A Knopf, 1971, pp. 67~68.
9. See Fung Yu-Lan, Ibid., ch. 14.

time of Confucius (born 551 B. C.) and ending with the chin conquest in 221. During that period the number of schools was so great that the chinese referred them as the "hundred schools". Later historians have attempted to make a classification of these "hundred schools". The first was Ssu-ma Tan, father of Ssu-ma Chien (died 86 B. C.) who coauthored with him China's first great dynastic commentarial history, the shi chi. He classified the philosophers of the preceding several centuries into six major schools. Later Liu Hsin (died A. D. 23) added four others to the six Schools. Among these schools, Ju chia is School of Literati, known in western literature as the Confucian school. The followers of this school were scholars as well as thinkers. But if we classify confucianism in this why there is no difference between it and other schools such as Mo chia, Yin-Yang chia and Yao chia.

Liu Hsin, though he did not go much further than Ssu-ma Tan had done, attempted for the first time in chinese history to trace systematically the historical origins of the different schools.[10] He maintained that in the early chou dynasty there was no separation between

10. Fung Yu-Lan, Ibid., pp. 32.

officers and teachers. When the chou ruling house lost its power during the later centuries of the chou dynasty, the officers of the governmental departments lost their former positions and scattered throughout the country. They turned to teaching their special knowledge in a private capacity and it was out of this separation between teachers and officers that the and it was out of this separation between teachers and officers that the different schools arose. Ju chia had its origin in the Ministry of Education, Tao chia in the official historians, Mo chia in the official guardians of Temple, and Fa chia (Han Fei Tzu) in the Ministry of Justice. From this point of view Confucianism should be construed as a comprehensive theory of education, not just education, but through education the establishment of social equilibrium and the restriction of political power to that equilibrium. The latter was stressed by Mencius who lived from about 372 to 289 B. C. and is the second great figure in the development of Confucian thought.

In socioeconomic terms, the period from the sixth to the third centuries B. C. was a burgeoning time. Iron had already come into general use for making agricultural implements and weapons and the competition among the states to succeed in economic development, warfare, and diplomacy offered a broad market for talent.[11] States that could develop quickly by monopolizing industries and by creating efficient political forms could expand at their neighbor's expense. Immorality in public life and boisterous disregard for the time honored values, which had been inherited from the two earliest sage emperors, Yao and Sun, and followed by the two exemplary establishers of chou, King Wen and Wu, dismayed confucius. He tried to create the ideological foundations for the emerging new society. Upon looking back at the time of sage kings, he longed for a return to the good old days. Upon seeing the social disorder of his day, he created great idea that the human imbalance should be leveled in convergency or accommodation with nature. For doing so, all people should be educated and superior men of virtue, "chun-tzu" among the educated people, should rule the people under the king who should be as a symbol of authority and patriarchal continuity.

His greatest idea was that he permanently destroyed

11. F. W. M., Ibid., pp. 35.

the privilege crucial to the maintenance of that society, the privilege which had made only chun-tzu, sons of aristocrats, eligible for automatic entry into office. He insisted the name chun-tzu should apply only to those "superior me" who gave evidence of having achieved a personal superiority of ethical and intellectual cultivation, i. e. jin or benevolence.[12] This is his second innovation that he believed in the broad liberal arts learning as the content of education, including study of certain venerated books, especially the Shi or Book of Odes, Shu or Book of Political History, and the Li or Rituals. He denounced certain bright and unscrupulous students who used their education to get ahead, and in so doing forgot the moral responsibilities he considered essential to the "superior man".

Mencius extended confucian viewpoints quite logically and went distinctly beyond the record of confucius' own thought. The first is his contribution to the family-like model-building of society and the second is his creation of democriterionism in the area of political theory.

He sought for his ideal model of society in the family,

---

12. F. W. M. , Ibid., pp. 39~40.

particularly in the parent-son relationship, which, referred to in the preceding chapter, is no more than an extension of the internal order. He took this as a token that all men are good by nature. This supposition cause the sharp argument with Hseun Tzu in the next generation who insisted on the opposite and had the bad fortune to teach two bright young men who left his school and repudiated confucian teaching to take up the Legalist doctrines, that is, Han Fei Tzu and Li Sou.[13]

As core relationships, which should be maintained in good proper, therefore, he chose five, three of which derived from family order, that is, love and filialty between parent and son, harmonious lead and elegant gentleness between man and wife, and fraternity between brothers, and that proliferated in two other relationships, that is, righteousness and loyalty between king and officials and faithful cooperation between friends. Mencius's political theory went ever further. He lived in times more troubled than those of confucius, the date of whose death conventionally begins an era known as the period of warring states. Two kinds of

13. F. W. M., Ibid. pp. 61.

government existed in Mencius' eyes. One was kingly government which was existing in the historical sageking memory of the chinese. And the other one was bossy government which was produced by naked power in the troubled period. Mencius was extremely sensitive to the people's sufferings because of violence and disorder, so he railed constantly against the evils of government by force. Utilizing the doctrine of the rectification of names, he declared that when a ruler fails to be a kingly ruler, he is no longer a king and the people have the right to rebel against him, and, if necessary, even to kill him, for by that doctrine "tyrannicide is no regicide".[14] By saying "Heaven hears as the people hear; Heaven sees as the people see",[15] Mencius made the people the ultimate criterion for judging government.

No one could exceed these two great figures thereafter in confucianism. Throughout the long Chinese history Confucianism has developed in the main stream of Chinese thought, sometimes competing or trading with other schools. In the Han Empire (206 B. C.~A. D. 220) which succeeded the Chin Empire, the first empire

14. F. W. M.,Ibid., pp. 56.
15. F. W. M.,Ibic., pp. 56.

supported by Legalism and lasting only about fifteen years, the name Tung Chung-shu (179~104 B. C.) was prominent in making confucianism the orthodox belief of the Han dynasty and in the creation of the institutional basis for the famed Chinese examination system under which entry into the ranks of government officials was not dependent upon noble birth or wealth, but rather upon success in a series of periodic examinations, open to all members of society who studied Confucian classics,[16] and some characteristics of which caused the arguments of many western accounts, for instances, Karl Marx for an oriental type of society based on the so-called "Asiatic mode of production" in which the state controlled an economy based on irrigated agriculture, e.t.c. Werner for the "Oriental stage" in which with its rigidity of social status and absence of any true liberty further social development was caught in a trap, Max Weber for the "Chinese mandarin" on which the whole Chinese destiny hinged in vain not to contribute to capitalistic development, and recently, K. A. Wittfogel for the "Oriental despotism" in which the ruling bureaucracy

16. Fung Yu-Lan, Ibid., pp. 191~192.

controlled waterworks and the large public works necessary for irrigation gave this bureaucracy power over the large mass of peasant labor.[17]

Ever since the Han dynasty, when Tung Chung-shu, a leader of the old Text School, considered Confucius having received a Mandate from Heaven to become the son of Heaven, Confucianism, with its cosmology, its abundant commentaries, its reconciliation with Taoism and Buddhism, and as a whole with its wax and wanes, has survived in Chinese thought. It has even survived movement for a native Confucian religion to counteract the growing impact of the West[18] at the very end of the last century by the famous statesman and reformer, Kang Yu-Wei (1985~1927) and recently by Kang's followers, who demanded, when the first Constitution of the Republic was drafted in 1915, that the Republic should adopt Confucianism as the state religion. This caused a vigorous controversy until a compromise was reached, the Constitution asserted that the Chinese Republic would adopt Confucianism, not as a state religion, but

17. See Chung-Li Chang, The Chinese Gentry, University of Washington Press, 1970, pp. XIV-XIX.
18. Fung Yu-Lan, Ibid., pp. 323.

as the fundamental principle for ethical discipline. This constitution was not put into actual practice.[19]

B. Why has Confucianism survived?

In these preceding sections there are many suggestions to explain the toughness of Confucianism throughout Chinese history in which one civilization has developed with almost same climate and topography, upwards of 10 billion human beings on the good earth[20] and painstaking care of the adequate harvest for the people to be fed. Writers who have dealt with Chinese civilization have applied environmental determinism from their winner's or loser's viewpoint in the Western civilization. Some accounts which have said that the landlocked character of China's agrarian life determined the fundamental concepts of the early thinkers are most readily discernible to any observer. This is an important point, to which my study will return again, therefore in

19. Fung Yu-Lan, Ibid., pp. 325.
20. F.W.M., Ibid., pp. 3.

this realm of analysis I only refer to their embryologic tendency in that determinism.

Most Western authorities have narrated, in their studies on the Chinese thought, like that under certain circumstances certain theories arose and the Confucianism has withstood many vicissitudes only to be eventually overcome by the Westerner. Most of the Oriental students have resented their agrarian environment and repented that their ancestors failed to create western-like thought by futile discussions like of what Confucius said or What Mencius said, or What Lao Tzu said. These arguments connoted a certain judgement of the Confucianism. If the judgement be different the result might be more than that.

Apart from the judgement, I refer to the durability of Confucianism we can hardly find out in the present works. The firs thing which explains its durability is that Confucianism has appealed to agrarian society in the temperate and subtropical zone where people have seen the distinctive seasonal changes and have readily learnt the order of nature and understood that nature is moving to an equilibrium and man, being a part of nature, should be going towards harmony with the order of nature., In other societies in Europe, people have believed that the cosmos and man are produced by a creator external to them. In China people have regarded the world and man as uncreated, as constituting the central features of a spontaneously self-generating cosmos having no creator−god.[21] Ancient China's cosmology and cosmogony seem somewhat closer to the explanations offered by modern physics than those we find in myths and religious systems of western history. The genuine Chinese cosmogony is that of organismic process, meaning that all the parts of the entire cosmos belong to one organic whole and that they all interact as participants in one spontaneously self-generating life process. These interpretations of nature have helped the Chinese mind accept Confucianism, even the Taoism, for a long time and also made the long communication between Confucianism and Taoism.

The second reason is that Confucianism has insisted upon man's will to live rather realistically and secularly while Taoism has insisted upon the nihilistic return to the nature and Moism upon egalitarian philanthropy before

21. F.W.M., Ibid., pp. 18.

nature. Confucianism has persuaded the people to live their lives positively but not much with the imbalance, and the people who have been working everyday in the field with a look at every living thing to live persistently within the order of the nature and with peaceful cooperation each other—it is true that the less resistance living things feed upon the more peaceful they are— have accepted the teaching with a reluctance to Legalist theories which have argued eventually to widen the imbalance.

Thirdly Confucianism has considered the state as a bearer of edification and has derived the ideal type of state order (social order) from the family system which existed in reality as an extension of the internal order of living things in agrarian society. Because of the stationary means of production and collaborative characteristics of agriculture the family system has developed as a firm and cooperative structure. In its point of view the family is not only a basic component of a state but the only source of authority. The state itself is a simulation of the family. In Chinese the word, "state" or "nation" means a "state family" or "nation family". while a state must show father-like regard to its people, people have to pay loyalty to the ruler and the state. What is more, even in the eyes of the state, filial responsibility has priority over the loyalty to the state. This makes Confucianism more persuasive and preservative in the patriarchal family system.

Fourthly Confucianism has tried, while it recognized the imbalance in family order and state order, to embody the imbalance within capacity order through common education in which everyone can have virtuous education, everyone can be virtuous, and then every one can be a "superior man". Confucianism has argued for equal opportunity of education for all people and treated all people as potential sages. Of course it has also believed in the liberal science as part of the curriculum of education and, in doing so, it derived models of what men ought to be from real persons who lived once. In doing so, it repudiated the tendency to power seeking or profit seeking.

Through common education and government by men of virtue so created, a reticulate pipe-line of the social balance has been installed so well that its one end is rooted into the people, and from the other end the superior men come forth, actually so ideal it might be if this mechanism goes well to satisfy the social and political need aggression.[22]

Finally Confucianism has given the state as well as the people many standards to be followed and that have given the people frequent chances to chat, meddle and nag each other, through which complaints have melted away tentatively and in the long run accumulated to a level of revolt. Though Confucian theory could have scarcely anticipated, these effects have mad either the government and the people sticky. A number of people therefore has been complacent in a serene life with numerous normative standards which Confucianism has presented to be behaved or to be thought. When they had bad government they no more remained with him and they already apart from him while superficially they followed him bearing a hope that someone would overthrow him and murmuring "When is the Sun going to set?" or "It is said that less sagely the King is the less sagely the ministers are and the virtuous people will scatter into bamboo groves. Let him go on his way,

22. Everett E. Hagen, On Theory of Social Change, The Dorsey Press, 1967, pp. 104~108.

eventually there be a revolt". But one government, if once established, used to trail along two or three hundred years, during which the people admired good government and otherwise lived their lives waiting for a new government, with no government in their minds, while some of them still tried to get ahead with their polished knowledge for the government. Thus Confucianism has even generated its value within the small universe of person who meditates nature.

C. some Criticism of Confucianism

The high Chinese civilization is characterized for us, perhaps most pertinently, by its possession of the Chinese written language. That first literate stage of Chinese civilization emerge into verifiable history between 2000~1500 B. C., from which we have archeologically recovered material remains in great profusion, including such literary materials as divination texts which are found in conjunction with a bronze technology that is astonishingly advanced, in point of both the casting techniques and the artistic conception. If we accept the last Shang civilization dating from about 1500 B. C. as a starting point we can realize that the Shang state was at that time already aware of itself as a central kingdom of high culture, a nuclear area conscious of peripheral peoples showing lesser cultured attainment, and demonstrated remarkably the writing, bronze technology and chariot warfare.

It has been waiting for the birth of Confucius as much long as almost a millenium since the beginning of the Shang stage. In the meantime there had been a number of books, either in their entirety of as major portions of the canons that assumed their present form in later centuries. These include I Ching, Shi Ching, and Shu Ching, as well as extensive annals and recordings. The focus upon these as objects of study, as repositories of man's accumulated wisdom, and as the traditions of learned commentary and explication shows what an extent China was a civilization of writing and of written monuments as a very early time. Of all the foregoing works the I Ching has exerted the most continually pervasive, stimulating influence on Chinese thought and today it has become an element of world civilization. I Ching heralds a striking cosmology and cosmogony and a philosophy of human potential for creative action and freedom in the cosmic process. Some modern thinkers have found it possesses considerable value; the psychologist Carl Jung, for example, found the work to be of uncommon significance as a method of exploring the unconscious[23] and noted "The ancient Chinese mind contemplates the cosmos in a way comparable to that of the modern physicist, who cannot deny that his model of the world is a decidedly psychophysical structure[24]." Ancient China's cosmology and cosmogony seem somehow closer to the explanations offered by modern physics than to those we find in myths and religious systems of occidental world.

Confucius, who was born in the upward mobility among the competitive states of mid-Chou time, had founded his edification theory upon these cultural settings. He had sought the harmonious human order with the nature in these cosmology and cosmogony and simultaneously he had derived his ideal type of harmonious society from the family order. and these

23. See F.W.M. Ibd. pp.19.
24. See F.W.M. Ibd. pp. 20.

contexts have made Confucianism as of much value as his aptitudability to the long agriculture-bound societies such as China, Korea and Japan. The quintessence of Confucianism, here briefed again, is that it recognizes the fundamental imbalance of human society but resists the exceeding imbalance with the ethical education on the ground that all living things are converging into the great order of the nature which itself is going to the general equilibrium and only human being, among them, knows these whole stories.

All men are created unequal but they are equal to death. Thus Confucianism would have reasoned from the positive consciousness of mortality. Confucianism does not rise of jump over the death but rather project this world at the death, where, by Confucius, men's words are in goodness. In this sense Confucianism is oriented to this world and could not conceive any religion, and instead of religious commandments for the other world, it lectures ethical precepts, asking people for the constant attention to their actions in line with many disciplines which are an accumulation of critics to past real beings and also for the awareness that they are to stand up to the critics to themselves at least after their death. The guiding principle of Confucius in writing, the Annals, has been held in high prestige for criticism.

The Confucianism also displays its Golden mean in confronting with its two opponent arguments. It soothes the Legalist by resisting the exceeding imbalance. Kuan Chung, one of the antecedents of the Legalist and employed as chief minister by Duke Huan (ruled 683~642 B. C.) of Chi, was an expert technician of rulership and state craft[25] who advocated the traditional basis of statecraft in those days to have to be supplemented by clear laws and regulations and sought to elevate the ruler to great authority and power so as to strengthen the state. He went so far as to say that great numbers of people were necessary for a great state and in power politics people became a material source of political power and that the increased power of the state was to go hand in hand with the amoralism. He also devised techniques to regularize living pattern and custom and state monopoly entrepreneurship in the production and distribution of commodities like iron,

25. F.W.M., Ibid., pp. 117.

salt, and wine.[26] He begins to make the shift of emphasis from the good of the people to the power of the state that eventually was to mark the irreconcilable cleavage between Confucian and Legalist political theory. Mencius denounced implicitly the power politics of the Pa system (bossy government) and developed another political ideal of the Wang system (kingly government), whose means were moral force and suasion as we have already seen.

In other hand Confucianism soothes the Moist by recognizing the fundamental imbalance. Motz who was the only native religious teacher that China ever ha and whose religion was one of gods and spirits,[27] anthropomorphically conceived and literally believed in, enunciated a philosophy of universal love for the sake of everybody's profits. He sought happiness for man by telling that man must stir himself energetically to achieve it, war is the greatest of evils because it is the most wasteful of life and treasure, righteousness is simply the total abandonment of the personal feelings that interfere with efficient productiveness and equitable distribution, music and art are bad because they waste time and

26. F.W.M., Ibid., pp. 119.
27. F.W.M., Ibid., pp. 87.

goods, and as Heaven loves all people equally, so man must do the same without discrimination of familiarity.[28] His happiness defined in narrowly material terms and his universal love denying family priorities clearly implies Moism's rigidly organized but egalitarian society. But the Confucian ideal is undeniably closer to human expectations and natural human feelings. Confucian gradation of love and concern correspond to the ideal hierarchy of Confucian society.

In spite of all merits and persistency in the oriental milieu let me raise some criticism of Confucianism. Fundamentally Confucius approach to issue was macroscopic but his numerous followers after him have spent a lot of times to comment or interpret their master's work and to stick to such less important details as rituals and human natures. Though there were some of prominent features along with the line of Confucius thought most of the students have been in microscopic posture to their teachers until the recent encounter with the western civilization which hardly could be ignored as a barbarianism. They have failed to institutionalize

28. F.W.M., Ibid., pp. 89.

the fundamental idea of Confucianism, they might say function depends upon the virtue of components rather than the system built, except the superman-bureaucracy, even which has been vulnerable to corruption and for the discipline of which they have depended too much upon the individual virtue and the heterogenesis of kings, together with the warning 'the upstreams decide the clarity of the downstreams,' that eventually incapable to prevent the long term balance of corruption.

Though Mencius attributed to border people revolt right to a tyrant, who in later centuries assumed a core power equipped with the bureaucracy, it has taken hard long time for them to come over the border line to the core power. Of course they have thought the state represents degree of the aggregated virtue, particularly the superiority of the superman, to the extent of which therefore the state power exists, and through the mechanism of reiterative shifts of power their ideal society could be embodied. But their placid and optimistic attitudes to the expansibility of the imbalance in the power and the adherability of the bureaucracy to it, have made the power delay to accept the change of society.

Sensitivity to change might be neither expectable in the vast land not to have external stimulus for a long time except one of the peripheral barbarianism, nor desirable for the social order. But under the long sustained, one-man-dependent, and hereditary political system some apparatus to rectify the power more sensitively should have been devised, somewhat they might not function well, at least until they met the western civilization which was not barbarianism only.

In this context we could not attribute the Confucian myopy which has cooped up them in a narrow sphere to the misfortune that China, being in contact with western civilization, fell incidentally into the decline of Mying and barbarian-ruled Ching, now that we can see many tyrants in Chinese history.

Thus we could expect a representative body of the supermen as well as or rather than in its value the supermen bureaucracy, which could have been institutionalized by Confucian if they would have tried to reach the apex of their master's abstruse devotion. When we look back the Chinese long intellectual history we could not spare this blame, though they would have thought it the best way to trust to chance ever since some establishments of the prince-teaching or king-expostulation. If we have an insight into the Chinese history we realize the creativeness of the founder of a nation is apt to be exhausted mostly by the dysgenic descendents upon whom the supermen bureaucracy lives not absorbing new creative tonic.

If we resort merely to the power-politics to answer all social problems there is no further critics, but we should raise some more questions on the theory of edification to prevent exceeding imbalance. They have prepared some storages to relieve the suffers and the poor, prevented merchants to be wealthy and established some national school systems upon profound private schools. Our complaint comes up also to these points. They should have developed their master's idea to the extent that government is concerned deeply about productivity and education and devises some institutes, for example as it turns out, rewarding system for productivity until they got in touch with the western civilization, at least in the early seventeenth century.

Chapter 3. Modernization

A. Modernization and Industrialization

Sisyphus, returning again and again to roll his rock up the hill, may appear absurd. The work of modernization seems to be the burden of this age. The word of modernization is now haunting among the rhetorics of the political leaders in the so-called underdeveloped countries.

Let me return to the theory of the coefficient. As seen in chapter I , human social life nothing but the increasing behavior coefficient and the increasing of behavior coefficient and the imbalance that results reaches certain equilibrium through the shifts or abdication of the coefficient. We call this state social equilibrium.

This social equilibrium prevails in any society for a considerable length of time, say several generations, during which the social structure on the equilibrium is satisfying or offseting the coefficient among the individuals or groups. When the social equilibrium meets certain amount of internal or external stimuli to provoke of frustrate the coefficient of the individuals and groups it begins to change gradually or swiftly, so that innovation, revolt, upheaval, and revolution arise.

Modernization is a social change proceeding in the present stage, presumably in the wide range through nineteenth and twentieth centuries. It began in Europe in the latter apart of the nineteenth century after the consequences of industrialization had become apparent. At first Western society became a model for countries elsewhere.

But now, successful models include Japan, Russia, and China. Today's emphasis is mainly on the modernization of new nations and their development of national forms of polity, the objects of which are to increase the social product with fair shares for all.

In this context there may be two propositions: one is modernization as the industrialization. Modernization first occurred in the West through the twin processes of commercialization and industrialization, the consequences of which were to attack religion and superstition, family and church, mercantilism and autocracy. But in many non-Western areas modernization has been a result of commercialization and, rather than industrialization, bureaucracy. Modernization can thus be seen as something apart from industrialization—caused by it in the West but causing it in other arears.[29] The historical cases are so involved and varied that it is difficult to separate the strands of industrialization and modernization.

Professor Levy defines modernization as the degree of uses of power resources and tools in a given society. His definition of modernization hinges on the uses of inanimate sources of power and use of tools to multiply the effect of effort.[30] Professor Apter describes modernization as something different from industrialization. His modernization implies three conditions—a social system that can constantly innovate without falling apart (and that includes among its

29. David E. Apter, The Politics of Modernization, University of Chicago Press, 1969, pp. 44~45.
30. Marion J. Levy, Jr., Modernization and the Structure of Societies, Princeton University Press, 1970, pp. 11.

essential belief the acceptability of change); differentiated, flexible social structures; and a social framework to provide the skills and knowledge necessary for living in a technically advanced world.[31] Apter also understands industrialization as a special aspect of modernization, that is in relation to manufacturing. His explanation is systematic and distinctive in spite of over-simplification.

The dynamic aspect of modernization for the study of politics can be expressed in the general proposition that modernization is a process of increasing complexity and roles in human affairs within which the polity must act and is a particular arrangement by which government exercises his authority for industrialization. Asking functional questions about the instruments of government should allow examination of the differing political modes by which developmental choices are made and political styles are formed. When we consider modernization as the spread of roles which, functionally linked and organized in industrial settings, make their appearance in systems lacking an industrial infrastructure and as the process of consciously directing

---

31. D.E.A., Ibid., pp. 67.

and controlling the social consequences of increased role differentiation and organizational complexity the main task is to compare societies in terms of degrees of modernization by assessing the spread and proliferation of modernizing roles and the process of controlling the role differentiation, particularly in the societies lacking integration in polities.

Therefore we have to reject the comfortably formulated descriptive models that are assumed to embody abstract principles of modernization, that are like the descriptive tendency which assimilates modernization with democracy and defines democracy as the operation of two-party or multiparty system, as opposed to totalitarian systems which exclude more than one party. Until the middle of the twentieth century individual liberty had been considered most essential to modernization. But when the Soviet Union accomplished clearly industrialization to a certain extent, socialism, as a collectivism, not a Marxism for class struggle, has been assumed considerably as a means of development.

Normatively or structurally there are many types of political systems for modernization with variation in emphasis upon liberty or potentiality, information or coercion, the present or the future. Choices comprise the moral aims of society and reflect the ambitions of those within it, thus constituting that measure of satisfaction that will lead ultimately to a stable order—social equilibrium —. Then what are the contents of choices? They vary with the emphasis mentioned above.

The Western ideal of government is based on the primacy of the libertarian principle. The moral purpose of government is to maximize the condition of freedom. But freedom must lead to equity. One alternative form emphasizes the fulfillment of potentiality and this emphasis is the main reason for the moral attractiveness of Marxism in modernizing societies. The developmental objective is very difficult to evaluate. Some would argue that the most efficient forms of economic growth can be realized by adding the objective of liberty to that of development. Others would argue that the realization of the potentiality is the most significant contemporary means of development.

On the other hand government requires appropriate information in order to settle problems that arise.

Information includes knowledge of the values involved in a choice situation, within which the public will support action and beyond which public solidarity will break down and the need for drastic and coercive action will arise. Governments that are concerned with freedom and value the individual highly are, therefore, restricted in the direct means of coercion. Systems that value the total community and its potentiality to the point that the achievement of community goals is itself a supreme consummatory value, and all other values are subordinate to it, are able to use a high degree of coercion when necessary to achieve such goals. There is an important dynamic relationship between these functional requisites.[32] With a great deal of information, choice becomes rational but without coercion there are no consequences of choice. Choice, the primary activity of all governments, is determined by the relationship between coercion and information. The choice of government differs from the choices of all other groups or individuals in that it is binding upon all the members of the unit. The mixture of coercion and information determines the structural arrangements of government, that

32. D.E.A., Ibid., pp. 238.

is, the pattern of decision making and accountability.[33]

It is no service to the modernizing nations to judge their policies purely on the basis of utility. Government is, after all, a reflection of the nobler as well as the mundane purposes for which people live in society. In this sense, no government is better than its moral standards, and no valid moral judgement is premature. It is unfair to judge modernizing societies from the peculiar standpoint of the Western political form. Difficulties arise from comparative study because we have enshrined moral principles in a Western political complex. We don't have to confuse moral form and political structure.

Different authority systems modernize by allocating mundane and sacred rewards and promises. Some are more directly devoted to the allocation of mundane wants in the hope that individual morality will be encouraged by the satisfaction of mundane wants and that political morality will be reflected in the summation of individual moralities. Others are more interested in seeing an ideal of the moral community realized and mundane satisfactions are restricted except as they serve long-run

33. D.E.A., Ibid., pp. 256.

opportunities for achieving the moral community. The one emphasizes the present, and the other the future.

If we accept the view that government actions must be judged in moral terms what are useful criteria to employ? This is a difficult but crucial question. The political link between equity and liberty, on the one hand, and equity and potentiality, on the other, has been, historically, the ideal of equality,[34] which in the present stage of history embodies the morality of government. Although modernization is now interpreted as various measures to meet industrialization, we must exclude traditionalism, based on the dominance-submission relationship, from the modernizing tools. That is why modernization is often associated with the breaking of dominance-submission relationships and the repugnant analogies that have been associated with them.[35] Industrialization can be made superficially by oppressions for the time, instead of integration of a profit consciousness or participation consciousness. There have been a couple of countries obscurely conservative

34. D.E.A., Ibid., pp. 13.
35. D.E.A., Ibid., pp. 63.

of illiterately imitative of industralization without any understanding of social change. It is possible to attempt modernization of a given country without much industry, but it is not possible to industrialize without modernization.[36] Even though we can see a lot analogies in Latin American countries, we cannot call the some processing, assembly and light industry without industrial infrastructure modernization, rather we may call it a mere extension of industrial systems of another countries.

If we link the morality of government with equality the interests fall in with my old edification theory. The edification means the ideal of equality in modern terms. But because the industrialization occurred at first in England not with any moral government but with extremely immoral government as we will see in the next the contemporary revolutionaries protested bad government for emancipation and their battle-cry of laissez-faire would not accept even a good moral government who interferes with individual freedom for equality. They wanted to maximize their coefficient through domination of economic wealth and believed in social equilibrium

36. D.E.A., Ibid., pp. 67.

by the zealous profit maximization of individuals. They thought of equality not by government but by themselves. They didn't expect positive government for equality but negative government for equality.

This context thereafter has usually confused the theory building of modernization. Most of the European countries that had developed individualism under the same immoral government as England succeeded in the industrialization by assimilation to the precedent, with the renunciation of the immoral government and without any birth of moral government. The coefficient maximization of these forerunners led, in the end, to a long period of colonization and War, which mean imperialism and, in my theory building, mean international coefficient workings, and now they are returning to needs of moral government form the failure of equality by themselves, even though for the internal balance, not much for the external or international balance by this time.

Therefore we dare to elucidate, with new encouragement, modernization as the establishment of moral government, moral government which implements equality and exerts itself upon equality in high quality, presently in material terms for which industrialization is pursued. For the late comer's point of view it is very important that modernization has a new interpretation, which is eventually consolidated in terms of choices among different settings and oriented to the morality of equality.

B. Embryology of Modernization

Industrialization first occurred in England which had been governed for long period by an alien elite through dominance-submission relationships. Many indigenous elite in England had been suffering from lack of vertical channel of movement for a long time. When they saw the channel blocked in spite of their endeavor they tried to get their coefficient tin commerce and manufacturing.

Professor Hagen suggested three reasons for England's initiative of transition to economic growth: "Traditional society may never have been as firmly rooted in England as on the continent. Secondly, during most of period from the beginning of the Christian era until the nineteenth century the top elite of England were alien.

Their alien way offended the lesser elite and speeded their rejection of traditional values. Moreover, partly because of England's separation from the continent and perhaps through the historical sequence that led to the Cromwellian absolutism, the values of the society turned against military prowess as a means of self-assertion by socially deviant groups sooner in England than on the continent. This inhibition on military revolt helped to channel energies elsewhere."[37]

The Romans withdrew form England in the first half of the fifth century and next Angels, Saxons, and Jutes invaded the area and settled there. They came not as a large well-organized force but in many small troupes. A large number of petty Anglo-Saxon Kingdoms developed. Long after their establishment, savage strife continued among many kings and even among the nobles within each kingdom.

Since the beginning of Augustine's work in England in 597, though the rapidly spreading religion once became the sponsor of the intellectual development, the elevation of spirit did not last long. In the ninth

37. Evertt E. Hagen, On the Theory of Social Change, The Dorsey Press, 1967, pp. 263.

century many members of the church hierarchy became conspicuously venal, devoted to secular pleasure, and negligent of their religious duties.

Repeated warfare by the members of a social group against other groups and the corrupt, grasping behavior of many members of the clergy frustrated the political and intellectual coefficient. Hagen described the response of this frustrated coefficient as need-aggression.[38] The organization of a stable traditional social structure in dominance-submission relationships where the need aggression arises, if it occurs at all, is apt to be in a long halting process. It will proceed only as individuals appear who are strong enough to impose their authority on others whose need aggression is high and yet give some of those others sufficiently meaningful roles in the hierarchy so that they are satisfied rather than humiliated. No matter how strong the leaders are, they may not be able to accomplish this effect of need-aggression in the society is too high and then the long halting process comes to an end by disruptive strife of need aggression.

In England where these dominance-submission

---

38. E.E.H. Ibid., pp. 104-113, 267~268.

relationships, that is an immoral government as seen in the preceding chapter, were presented by an alien elite, the need-aggression had been highly cumulated. The very alienness of the higher elite must have offended the lesser folk. Alienness always violates native values. To any people the behavior of aliens seems impolite or immoral. French nobles and other alien elite behaved as conquerors and continued to speak their native language.

Until the sixteenth century English kings were apt to marry French or Spanish noblemen for reasons of dynastic ambition which had little to do with the welfare of the English people. Many of the queens brought streams of courtiers and church officials in their trains. Trade an finance were long in the hands of foreigners. Through the fourteenth century there were few Englishmen engaged in trade except for wool export, in which they did a minor share of the business.

Although in a highly traditional society protest of the behavior of the higher elite may be completely inhibited, the detailed history of England form the late eleventh century on reveals many specific instances of protest. The attack of the nationalism of the thirteenth century centered on the aliens who were corrupting the kingship, the social hierarchy, and the church. The bitter public outcry was strong enough that two agents of the pope in England were driven from their high governmental offices and parliament denied Henry's desire to donate one third of his revenues to the papacy[39] and in 1381 the Peasant's Revolt occurred, The social protests attacked the social institutions themselves rather than merely the individuals who were misusing them.

The tension that motivated peasants to the one type of action motivated some of the lesser elite to another.

These tensions caused a search for new means of increasing one's individual power and the economic conditions of the Hundred Year's War made trade, finance, and industrial organization the likeliest channels. At the same time the growth of cloth manufacturing created opportunities in industrial organization which ingenious men, who no longer felt industry to be beneath them seized upon. These new moneyed men lent to the king, created new financial institutions, and gained a new sense of their capability and power. Moreover

39. E.E.H., Ibd., pp. 275.

the reactionary measures against the peasants led by the Peasant's Revolt inhibited individuals from other unconventional acts and forced the emergence of a new group of creative individuals who would seek another method of reforming the society and other methods of testing their individual worth.

The demands of Parliament for increased power continued throughout the sixteenth century and in the seventeenth became an increasing stream of protest against the attempts of the Stuarts to restore absolutism. A series of protests concentrated mainly on the intentions to advance the personal glory of king or nobles and not to advance the welfare of England. A sense that one is not regarded as having worth takes the form of a sense that one is threatened by something evil outside one. The most conspicuous result of this national sense of inner unease was the radical attack on the religious hierarchy and the system of belief supporting it. In 1536 Calvin pronounced his new vision of the world: Man owes obligation not to a hierarchy of authority extending up to God but directly to God himself.[40]

---

40. E.E.H., Ibd,, pp. 286.

The goodness of one's life rests not on one's submission to the rituals of hierarchy but on the degree to which one's life glorifies God. New economic activities are not more instruments for human aggrandizement but instruments for the glorification of God. Power elite, not understanding the significance of the new religions, the new nationalism, or the new self-confidence of the new religions, new nationalism or the new self confidence of the lesser elite and simple folks, set out to restore the old order so far as they might. But the yeoman, the urban middle classes of petty manufacturers and shopkeepers, the urban artisans, the great merchants—groups which included the religious dissenters—and many opportunistic nobles became supporters of Parliament. In 1658 Cromwell's attempt to reconcile the inconsistencies of life by the military establishment of a perfect religious order, like the Peasants's Revolt, had failed and there was again political and social reaction in which reactionaries seized powery cooperation with the landed classes and rich merchants.

Meanwhile, people within a few generations, initiated by the religious dissenters, provided the leaders of a technological revolution. Many years of wars stimulated techniques of weapon production and the luxury expenditures of the upper class. Many of derogated individuals tried to gain a sense of satisfying identity by study of the operations of the physical world, a study that gives deep satisfaction to some creative individuals, to whom intellectual understanding gives a sense of mastery. The number of scientific events in Europe doubled from the fourteenth to the fifteenth century and tripled in the sixteenth.[41] In England the acceleration continued more sharply than elsewhere in Europe in the seventeenth.

Skilled immigrants from the continent who brought new methods also contributed considerably to technological development. The social groups most alienated from traditional values, particularly the Protestant Dissenters, were under inner pressure to prove to themselves their own worth. They found in intellectual prowess a means of gaining a sense of mastery while removing themselves from the conflicts of their society.[42] The more reactionary the power elite were the more desperately the disparaged dissenting groups were in

41. E.E.H., Ibd., pp. 15, 291.
42. Derk Bodde, China's Cultural Tradition, Holt, Rinehart and Winston press, New York, 1957, pp. 39.

seeking for fields in which to succeed, in order to gain a sense of personal worth.

Here we have to raise a question that will lead to a conclusion of this discussion. We have discussed the reason why technology deployed so intensively and desperately in England. Viewed in the broad sweep of human history, improvement in technology and the resulting rise of products have always been occurring every where. But the trend was so slow until recent times that examination even at thousand-year intervals would not show progress during every interval.[43] The human desire has been evolved in variety and thus content of the coefficient evolved, while mental ability exploited by accumulating knowledge. The environment has been changed; population has been increased; economic desires have been increased. These factors have interacted. There have been many ways to increase the coefficient; physical, spiritual, economical, etc. It all depends upon habitat, time, and space. small advances in technology cumulatively increased everywhere the ease of further advance and each successive addition to

43. D.B. Ibd., pp. 78~79.

the base of knowledge increased the number of further possible additions.

China, for instance, early developed such products of technology as paper, printing, porcelain, gunpowder, the cross bow, the magnetic compass, and a host of other lesser-known inventions, the transmission of which to Europe, usually many centuries later, often profoundly affected the course of civilization there.[44] For the late delayness of Chinese technology with the comparison to Europe a lot of scholars has spent vigorous days reviewing its methodology. Needham, in some of the most exciting pages of his book, built a theory that an "organismic" view of the universe developed among philosophers like Whitehead and physicists like Einstein, in some respects strikingly similar to the ideas expressed long ago in China, and that they may have entered Europe from China via the philosopher Leibniz.[45] Anyway, as suggested in the preceding discussion, the points of innovation could be interpreted by the insight through each historical background.

Various counterpartings might be helpful; moral

44. E.E.H., Ibd., pp. 292.
45. E.E.H., Ibd., pp. 10.

government and immoral government, superman bureaucrat and alien elite, agriculture and commerce, vegetarian and meat-eating, peaceful and militant, etc. In the study of history it is said that assumptions are taboo, but let us imagine how much the Chinese elite made a desperate effort to be "supermen", instead being merchants or inventors, and witness an episode in Chinese history that a rich merchant tried to make a superman of his son at the cost of his whole wealth. Instead in English history a corrupt elite was bribed by a rich merchant to permit him individualism, which interacted with manufacturing, and eventually to be expelled from the power. If these conditions would have been reversed how far the results had differed.

We have to avoid the error of assuming that the values of a people at an age earlier or futurer than ours, are similar to our own. Because we prefer democratic political procedures we are apt to explain an historical trend toward democracy by assuming that people prefer democracy by nature. Because we have no repugnance to working with tools and machines or to seeking individual profit maximization we are apt to fail to raise the question whether people in another society in another time may have found such activity repugnant. In the broad sweep of human history, as we have seen a little already, we can see many practices of virtue-seeking, power-seeking, profit-seeking, wealth seeking, epicurean (leisure) seeking, etc. And so far as present civilization is concerned, it has survived merely for two hundred years or more.

C. Confucianism and Modernization

Since modernization means the establishment of moral government for industrialization, in the Confucian point of view it is represented as a restoration of the moral government based upon the Confucian edification theory. When Western civilization invaded Oriental societies in the nineteenth century its industrialism and individualism were so marvelous and subtle for the contemporary intellectuals that they could not understand them to be already overcome by their ancestors as Legalist theory. Some scholars, for instance, Kang Yu-Wei's in China and Mito's in Japan, vaguely realized this context and respectively insisted upon a reformation of the immoral government which they had met in decadence incidentally. They adopted the slogan, 'Eastern ethics and Western Science': the former ended in One Hundred Day success which has been followed by the Marxist theory regardless of, or inadaptable to the Confucian theory, and the latter, because of the collaboration with the samurai who had carried the immoral government, has made an indelible detour, resorting to invasion and crime of war.

Most Western and Oriental scholars have devoted themselves much to research to find out the defects of Oriental history which disrupted the buds of individualism. Prejudiced in favor of the Western civilization, they have egoistically interpreted Oriental civilization and viewed historical complication as a simple activity of the dominant class. They have concentrated their efforts on the Chinese studies. They state that, for example, China is the mirror image of modern western civilization. The history of modern social development in the west, when reflected in the mirror of Chinese history, is seen to be the very reverse of what happened in China.[46]

---

46. Balazs, Chinese Civilization and Bureaucrcy, Yale Press, 1966, pp. 21.

Why was it that no form of capitalism comparable with that of the West ever arose in China? Why was it that though China was technologically and scientifically ahead of the West until the time of Renaissance, Chinese civilization never gave rise to capitalism?[47] The position of the landed aristocracy was shaken by the introduction of a civil service and the literary examination system from the eighth century onward.[48] Merchants as a class were never allowed to develop an independent position and their fortunes and their enterprises would be taken over the moment they seemed about to become a class, even though there were temporary concessions with literati through bribery.[49] There is the cardinal virtue of Confucianism hsiao, "obedience", often mistakenly translated as "filial piety". The effects of inculcation of this virtue have been to turn China into a great factory for producing an obedient populace, and Oriental despotism had been sustained.[50]

And they have suggested many ways to reach

---

47. Balazs, Ibd., pp. 35.
48. Balazs, Ibd., pp. 40.
49. Balazs,Ibd., pp. 15~16.
50. Balazs,Ibd., pp. 15~16.

industrialization through individual freedom, trying to find Western analogy out of the Japanese history, which in Confucian point of view had developed for long time bad example of moral government, and where although there had not been vertical channel of the superman system but military rule of jungle law. Confucianism had rooted itself in the closed upper class as metamorphically as Bushido or Shinto.

As we have seen, manufacture of industry as a core of modernization is a technical complex. Materials are going to wealth by techniques, which, we might say quality of labor, going to complication along the mental evolution, was enhanced marvelously by so-called industrial revolution which was the product of self-devotion and self-declaration due to long failure of imbalance management—education. The techniques are, as knowledge, diffusible and distributable and pervasive, and in the long run to be even. The point is what makes people creative and, in the West, long suppression made less elite creative to the business and technology as a means of self-declaration, the content of which to increase influence in front of the God. But it doesn't mean that the influence increase in front of the God and the resulting material enjoyment are by no means the only way to make people creative and of industry. We can easily make a mistake that to see merely individual influence or freedom for the God and further now that to see competition for the profit maximization itself only. There can be other religious or ethical devotion, racial or national loyalty, belonging or sharing sense, etc. Therefore the selection of modernizing tool that makes every role creative and connotes an integration of role differentiation—individual or group—depends now upon the indigenous cultural settings of late comers.

Award of conclusion is now in order. The best way to modernization for the late comers who have the Confucian culture is the Great Restoration toward he Confucian moral government, which incubates people, not 'of the people', steered by the superman, not 'by the people', and compassionates people, not 'for the people'. Differentiation to individuals is not propper in the typical oriental society which is family-like, if any, takes long time. Since advanced countries wield their maximum coefficient in the international relationships and they instigated late comers to follow their examples and by doing so not to catch up with them. Further-more, even in the advanced countries people are being sceptical of the individualism that brings forth various social problems due to degradation of virtue, ethics and family system. Industrial pollution included, such problems are not less serious than so-called underdevelopment. Restoration has meant reactionary and conservatism in the West but un the Oriental history it has meant innovatory and progressivism. We have a lot of treasure of the Oriental wisdom exploited by our fathers, we have if we go to restoration but we have not if we go to imitation. And an intimate case of imitation is Korean development, which is now facing political as well as economic ordeals and needs epoch-making transformation.

Summary

By recent bio-chemistry and bio-physics life is interpreted as a function of imbalance of liquid density between outside and inside of cell-wall and a function of sucking by inside from outside to maintain and increase the imbalance. Everything that is going on in Nature means an increase of entropy which is thermodynamical concept of naturality or equilibrium, therefore a living organism also continually increases its entropy, maximum of which is death, while it can keep alive by drawing from its environment negative entropy. Behaviors are originated in this function of imbalance increase or entropy decrease.

Human beings associate each other because they find various merits of the association, where they begin to make balance of imbalance. Eventually these endeavors for equilibrium develop to edification and that is motivated and expedited by religion, ethics and others.

Confucianism, whose father is Confucius who is the first editor of Chinese history and contemporary thought, the first advocator of equal and common education, and the first founder of rule of intelligentia, is one of edification theories which is based upon the understandings of the inequilibrium and equilibrium of life, in terms of modern physics, the theory of entropy minimization and maximization. Confucianism admits the congenital condition as a fundamental imbalance and by education tries to make people homogeneous as far residual imbalance of intellectual and virtuous personality, which, consolidated into gentry system, rule family-like society partiarcally.

Industrialization which, being exploited by need aggression under long domination of alien elite in England, is a social demand of present age and has become the front value of human society for two hundred years or more, like other demands of different time on the string of historical sequence, can be attained by moral government which, as leading bearer of social demand, integrates role differentiation of individuals or groups toward social equilibrium, even though the target of social demand is sometimes usurped as a means of legitimacy by immoral government which pretends good administration of the social demand and reigns with dominance-submission relationships.

Modernization is the moral institutionalization for the present social demand of industrialization and its process begins with the integration of people's mundane value what, they want, to live in industrial setting. Therefore modernization is possible with a little industry but industrialization cannot be obtained without modernization. Fundamentally government that is not oriented to equity cannot be called moral government and if there are some industries under the immoral government we cannot call them industralization, if any, they are only his decoration and at large a simple extension of foreign industry without infrastructure and the results are corruption, suppression and chaos.

Confucianism is very one of the modernization theories because it is a theory of moral institutionalization, whose moral standard is social equilibrium by family and family-like society. Confucius thought every social demand in different time could be achieved well if there be moral government and moral society, which is, to him, a precondition to achieving social demand.

In brief, industrialization is a social demand in this age, in spite of its paradoxical embryology, and, like other social demand, can be achieved only by the moral government, present institutionalizing process of which is modernization for which there are many ways, ethical or religious, national or racial, individual or collective, etc. The proper and suitable way to modernization should be found in line with indigenous political and social culture of peculiar area.

In Confucian world, where Confucian doctrine has been long prevailed, the best and only way to modernization is the great Restoration to Confucianism.

발문

보림산책普林散策

프린스턴을 걷다

프린스턴에 도착해서 학교 구석구석을 살피며 시내로 나가 큰길을 익히고나니 어언 성탄절이 다가오고 있었다. 사실 아내와의 동반여행은 엄두도 못내는 터였으나 학교에서 마련해준 전 미국 일주 버스여행에 아내를 동반하고 싶은 생각이 굴뚝같았다. 학생과에 들려 아내를 데리고 오겠다하니 학칙상 배우자spouse는 안 된다였다. 숙식room&board과 수당stipend 까지 포함된 장학금Fellowship에 감지덕지했던 입학 당시의 기분으론 언감생심이었다. 그러나 서툰 영어로 끙끙대길 두어 시간 만에 입학비자를 얻는데 성공한다.

학교에서 마련해준 1개월 국내 일주 민박 버스여행은 뉴욕을 떠나 시카고 솔트레이크 라스베이거스 엘에이로 이어지고, 크리스마스날 공항에서 4개월 만에 아내와 해후한다. 2월에 돌아온 캠퍼스는 벌써 봄의 서곡이었다. 마누라를 옆에 끼고 낯익은 녀석들을 만나면 "하이! 하이!" 불러 세우고 와이프를 소개할 만큼 말문이 티어 있었다. 우선 급한 대로 비좁은 기숙사에 신방 아닌 신방을 차려 놓고 백방으로 방을 구하러 다녔다. 아내와는 겨울방학만을 함께 지낼 작정이었으나 모두들 그 어려운 기회를 얻었는데 더 생각해 보라 권하니 못 이기는 체가 돼버렸다.

애들 넷에 막내가 겨우 세 살을 넘긴 터여서 다소 무리였으나 어떻게 되겠지 하는 막연한 기대가 불안에 섞인 나날을 지새우며 전세·월세·구석방·지하방·다락방을 지쳐 다녔고, 흑인생활 구역은 쉽고 헐했으나 역시 마음에 들지가 않았다. 마지막으로 또 학생과에 호소했다. 학기 중이었지만 운 좋게 기혼자 숙소가 기다리고 있었다. 날아갈 듯한 기분으로 가재도구를 몇 점 사 넣고 새살림을 시작했다. 모처럼 김치를 담가서 교포 학생을 초대도 하고 제법 선배 노릇을 해가며 안정을 찾기에 이르렀다.

창밖 골프장으로 이어지는 잔디밭은 어느새 연둣빛 안개가 아스라이 감도는 듯 하더니 크로커스가 흐드러지게 피어나고 로빈 새가 종종걸음을 끌며 그 위로 날아다니다 아지랑이를 타 올랐다. 우리 부부는 어느 낙원에 사뿐히 내려앉은 천사처럼 어린이 놀이터에서 그네를 띠우고 시간을 즐겼다. 그러나 황홀도 잠깐 생명이 싱싱하게 샘솟는 소리에 놀라 그간의 생각을 정리하리라 다그친다. 꼭 의무적이진 않았지만 영문으로 논문 한 편을 남기고 싶은 욕망이었다. 최대 다수의 최대 행복이라는 인류 구원의 이상을 전제로 할 때 당면 과제인 경제개발을 위해서는 현존 체계에서 개발을 개시하여 어떤 체계로 개발을 마감할 것인가에 대한 비전을 먼저 밝혀야 한다는 생각을 가졌었기에 늘 관심의 초점은 근대화의 방향이었다.

욕망의 관리와 생명 현상

인간 욕망은 유구하고 무한대여서 근대화란 그 욕망을 어떤 수준에서 어떻게 관리할 것이냐에 관한 기본 계획이 있어야 한다는 생각이었다. 다행이 학교가 제시하는 핵심 과제가 경제발전론, 근대화론, 국제정치론, 도시화론이었기에 근대화론과 국제장치론 두 과정에 중점을 두고 강의를 들었다. 의문이 생기거나 새것을 깨달으면 소통이 자유로운 교포 학생들을 붙잡고 귀찮아할 정도로 따졌다. 특히 앱터David E. Apter가 '근대화의 정치학'에서 근대화를 산업화로부터 분리하여 산업화에 선행하는 작업 질서의 확립으로 보았을 때, 오랜 유교적 전통 속에서 자라 사고방식이 생산·건설 같은 물질적 외형 성장보다 윤리·도덕 같은 내면적 요소를 중시해 온 나에게는 문도聞道의 희열을 안겨주면서 환한 백호白毫가 되어 나를 대오의 길로 인도하는 듯했다.

작업 질서라 했지만 그것은 사회 구성원이 어떠한 존재 양식으로 어떻게 그들의 욕망을 만족시켜 나가느냐 하는 체계일 것이고, 사람의 생물학적 욕망인 식욕이나 성욕뿐 아니라 명예욕·성취욕과 같은 모든 형태의 욕구 충족체계needs satisfaction system일 것이었다. 일단 성립된 충족 체계는 제 몫으로 배분된 욕망이 성장하거나 새로운 욕망이 창출됨으로서 항상 내부에서 변화의 기미를 잉태하고, 그것이 축적되어 나아가면 균형을 이루고 있던 기존 체계가 동요하면서 종국적으로 새로운 균형에 도달하는 일을 반복한다. 대체계는 대체계대로 또 소체계는 소체계대로 動-靜-動의 회로를 따라 보다 나은 충족 체계를 설계해 나갈 것이었다. 따라서 그 체계는 그 외부에 보다 많은 영향을 주는 방향으로 전개될 수밖에 없는데, 이런 현상이 사회적으로 누적되어 발전이다 진보다 혁명이다 하는 것 아닌가. 변증법이니, 음양론이니, 모순론이니 하는 것도 결국 별 것 아닌 게 돼버린다. 또 생산 양식이니 생산 관계니 하는 것들이 분명해지고 사상 이데오르기 등도 제자리를 얻게 된다. 역사적으로도 공산제니, 노예제니, 봉건제니, 자본제니 하는 것들도 그 실체가 들통 나게 될 것이다.

회고컨대 나의 인간 수업 과정은 누구나 오늘이 있기까지 많은 사람들로부터 알게 모르게 다양한 혜택을 받고 있음으로 그 부채를 갚아 나가는데 삶의 의미를 두어야 한다는 "부채론"에서 출발했으나 10여 년의 사회생활을 거치는 동안 삶의 본질이 영향력 확대에 있고, 그것은 나와 너와의 불균형 심화를 통하여 이루어지며, 그 불균형을 완화하려는 노력이 문화요, 교화요, 평화요, 평등이요 하는 것 아닌가로 바뀌어 나갔다. 그리하여 맹자의 첫 마디가 '왜 이利인가 다투면 사회 불안이다. 먼저 의義를 내세우자'였지 않은가. 그런데 "충족론"에서는 무한 충족이 화를 부르기 때문에 결국 자구 행위를 통해서 균형에 이르는 게 아닌가 하는 생각을 하게 되고, 한 걸음 더 나아가니 이를 물리 현상으로까지 설명할 수 있지 않을까 막연한 기대감이 부풀기 시작했다.

엔트로피와 공자 재림孔子再臨

생명 현상은 시계추가 흔들리는 현상이 아닐까. 즉 모든 동動은 정靜으로 가고 있으니 그래서 생명은 유한한 것이니. 그러나 생명 현상은 생명이 끝나기 전 단계이므로 결국 동을 얻기 위한, 다시 말하면 불균형을 유지하기 위한 활동에 지나지 않는다고. 나는 이것을 어떻게 생물학적으로 설명할 수 있지 않을까 하여 생화학 전공의 장 군을 만나 우연치 않게 의견을 나누니, '생명이란 세포막을 사이에 두고 한 쪽의 농도가 다른 쪽의 농도를 흡수하여 계속적으로 농도 차이를 유지하는 현상'이란 답을 얻어낸다. 나는 무슨 실마리가 잡히는 듯해서 물리학을 전공하는 최 군을 향하니, 모든 움직이는 사물은 균형으로 가는데 생명 현상만은 그 역인 불균형으로 가는 게 아닐까 하니, 모든 사물이 균형으로 가고 있다는 것은 사실이며 그이론이 "엔트로피"라 하지 않는가. 나는 이때부터 엔트로피에 달라붙기 시작했다. 며칠을 도서관에서 살다시피 하면서 슈뢰딩거의『생명이란 무엇인가』, 소머스의『행동의 생물학』을 찾아낸다. 이들 자료를 학교에서 추천해준 헤이건의『사회변동론』에 대입하며 읽어 내려가니 무엇인가 어렴풋한 윤곽이 잡히는 듯했다.

그러나 열역학·양자론에 이르러 이해의 문이 닫히기 시작했다. 마침 생물학의 장 박사가 교환 교수로 와 있어 염치 불구하고 자주 찾아뵈었다. 지그재그로 터득한 지식이 나름대로 점점 체계화돼 나갔다. 자연계에 존재하는 모든 사물은 균형을 향해서 움직이고 있다. 이 자연스런 현상이 엔트로피 증대다. 높은 물이 내려오고 더운 것은 식으며 나무를 비비면 열이 난다는 것은 자연스런 변화로 엔트로피가 증대하지만 낮은 것이 높아지는 것은, 찬 것이 더워지는 것은, 정지해 있는 것이 움직이는 것은 자연스런 변화가 아니기 때문에 엔트로피는 감소하며 그 변화에는 새로운 에너지가 동원되어 그 감소를 보충한다. 자연의 변화는 잠정적인 균형에서 출발하여 절대적 균형에 이르게 되는데, 이를 극대엔트로피Maximum 또는 열역학적 균형Thermodynamical equilibrium이라 하고, 거기에서 모든 변화는 종언을 고한다. 그 유일한 예외가 생명 현상이며, 생명은 신진대사에 의하여 부(-)의 엔트로피를 흡수함으로서 유지된다. 이 흡수가 욕망이며 그 흡수욕이 생명의 원천이다.

나는 오래 전부터 유교에 관하여 그것이 종교라기보다 어떤 균형론이라는 생각을 해 왔었다. 즉 중용론에 이르면 더욱 생각이 그러하다. 또한 음양론(역학)은 어떻고 변증법(물극칙변 物極則變 건곤지도乾坤之道 반복도야反覆道也, 사물이 극에 이르면 변하고 음양의 도는 반복되는 것)은 어떤가. 일단 균형이 이루어지면 다시 균형 파괴를 통해 재균형에 도달하는 이치 아닌가. 인간의 감성도 균형을 이루고 있다가 새로운 변화를 통해서 재균형에 도달한다. "희노애락지미발喜怒哀樂之未發을 위지謂之 중中이요, 발이개중절發而皆中節을 위지謂之 화和"로 시작해서 "중야자中也者는 천하지대본天下之大本이요, 화야자는 천하지달도天下之達道야니"로 끝나는 중화론中和論이 그 말씀 아닌가.

공자는 농경사회에서 오래 축적해 온 역학과 천문기상학을 집대성하면서 벌써 지금의 엔트로피에 근접해 가고 있었던 게 아닌가. 그는 원초적 균형으로서 부부 관계와 친자 관계를 움직일 수 없는 기본 질서로 설정하고 사회 내지 국가도 이러한 기본 관계의 연장으로 파악하려 했다. 국가도 나라 집이었다.

오륜五倫이었다. 후에 한나라 동중서가 국권 강화를 위해 3강 三綱을 추가했지만, 유교는 어디까지나 오륜이었다. 인간을 자연의 일부로 파악한 따라서 인간의 원리를 자연의 원리로 설명한 물아일체物我一體라든가 농업을 생업의 기본으로 삼은 용천인지用天因地 사상에서 균형으로 다가가는 자연 질서 또 그에 순응하는 사회 질서 그리고 궁극적으로 가산주의와 대가족 국가 개념까지를 포괄하고 있었다.

이해의 폭을 넓히기 위하여 훵유란의 『중국철학소사』, 모트의 『중국 지혜의 기초』, 장청리의 『중국의 신사 연구』, 보데의 『중국의 문화적 전통』, 발라츠의 『중국 문명과 관료주의』 등을 정신없이 읽어나갔다. 학교에 동양문화 연구자료를 따로 모아둔 게스트(설립자 명) 라이브러리가 있는 것도 이 때 처음 알았다. 시간만 나면 들렸다. 『주역』을 비롯한 『사서삼경四書三經』을 원문으로 읽는 미국 학생을 보고 놀라지 않을 수 없었다.

논문 '유교와 근대화'

근대화론으로 돌아오면 발생사적으로 근대화는 유럽에서 산업화가 어느 정도 분명해진 뒤에 일어난 사회적 변화로서 이 변화가 다시 산업화를 가속시킨 역할을 하게 되었으므로 뒤늦게 산업화를 따라가는 입장에선 역으로 근대화가 선행되어야

만 산업화가 가능하다는 논리가 가능하다. 산업화란 한마디로 생산성 향상이다. 이틀에 할 일을 하루에 하고, 100원에 만들던 것을 50원에 만들기 위해 계속적으로 인공 동력과 인공 장치를 확충하면서 기술혁신을 일으키는 것이다.

이 생산성 향상이 가능하도록 사회 제력(정치·문화 등)을 동원하여 지원 체계를 확립하는 일이 곧 근대화인 것이다.—요즘 총생산성이란 개념으로 그 지원체계를 포함시키기도 한다.

거의 1000년간을 상류계급에의 진출 통로가 봉쇄된 냉혹한 귀족사회였던 영국에서 누대를 좌절감·상실감·박탈감에 사로잡혔던 잘난 사나이들lesser elite의 현실 타파 욕구need aggression가 그때까지의 누적된 과학 지식을 변용 발전시켜 새로운 패러다임을 개발함으로서 시작된 산업화는 차츰 거추장스럽기 만한 종교와 미신, 가족제도와 교회, 중상주의와 독재를 공격하고 개인의 자유와 창의를 요구하고 나선 것이다.

귀족의 입장에서 보면 쥐새끼가 사람을 문 격이 되었다. 프랑스 혁명사를 쓴 귀족 출신 토크빌은 똑똑한 쥐새끼들을 그렇게까지 몰아 부친 귀족을 나무랐지만 안타깝게도 때는 이미 늦었다. 돈 많은 쥐새끼들이 귀족을 매수하거나 협박하여 귀족의 자리를 차지하고 계속적으로 이윤 추구의 자유를 고창하며 부를 축적해 나갔다. 산업화는 압제에서 시작하여 자유에서 개화되었으므로 산업화가 자유화를 가져왔다고 생각하기 쉽고, 또 자유화가 산업화의 유일한 길이라고 생각하게 되기도 했다.

또 근대화는 산업화와 같은 뜻으로, 또 자유화와 같은 뜻으로 여겨도 무방하게 되었다. 많은 나라들이 자유화를 통하여 산업화에 열을 올리고 있을 즈음, 일본·러시아·중국 등지에서는 전혀 다른 방법으로 산업화가 진행되고 있었다. 그들은 사적 이윤 추구의 자유가 아니라 크건 작건 어떤 집단 이윤을 추구하는 집산주의 방법을 썼다. 러시아와 중국은 아직도 그 방법이며, 일본은 산업화가 진행되면서 자유화로 전향한 사례가 된다.

이제 산업화로 인해 자유 세계는 상상을 초월하는 생산력 향상에 성공하였으나 인간 욕망의 무한 개발과 그 충족 제한으로 충족 체계의 일대 혼란(빈부 격차)을 일으키고 있으며, 나아가 인간 소외, 자원낭비 고갈, 환경 파괴를 가져오고 있고 사회주의 세계는 자본주의가 개발한 기술과 욕망으로부터 이중 압력을 받고 있는 형국이다. 자본주의는 인간 욕망의 무한 개발을 통하여 엔트로피 법칙을 역행하는 한편으로 그 욕망의 충족을 위하여 엔트로피 법칙을 가속시킨다.

또한 사회주의 사회는 엔트로피 법칙에 지나치게 충실한 나머지 과균형으로 인한 가족제도의 파괴와 그 균형 파괴를 감시하는 새로운 속박이 인간의 행복을 가로막는다. 따라서 현존하는 대립과 혼란, 자연 파괴와 인간성의 타락을 극복하고 인간이 쾌적한 자연과 화목한 분위기 속에서 오래오래 살아가

기 위해서는 인간 욕망을 자연 성장에 맡기고 사회의 기본 질서로서 가족제도를 확충하여 사회가족제family-like society or society family를 지향하는 길이 있을 뿐이다.

이러한 균형 지대의 확보는 유교의 오랜 이상이며, 유교가 그 오랜 중국 역사를 통해서 그 전범으로 자리 잡게 한 핵심사상이다. 한때 산업화를 가로막는 정체의 주범으로 매도되기도 했지만 이제 점증하는 인간 사회의 갈등 해소, 자연 자원의 절약, 환경 보전 등 인간이 지상에서 화목하게 살 수 있는 지혜로 다시 빛나고 있다. 종교가 아니기에 종교가 아니면서 종교이기에 온 인류의 구원의 이상으로 재등장함이 불가피할 것으로 보인다.

우리는 그동안 어설픈 개인주의로 산업화를 모방하여 왔다. 그러나 어떤 주의가 됐던 산업화를 위한 다수 국민의 동원 체제가 확립되지 않고는 그것은 진정한 의미의 산업화가 아니며, 단지 남의 산업화가 우리나라로 진출한 현상에 불과하다. 아무리 여기저기 공장 굴뚝이 세워져도 그 주요 설비가 모두 외제이고, 우리는 다만 그것을 가동하거나 조작할 수 있는 지식 기술을 전수받은 데 불과하다면 그것은 이미 우리 것은 아니다.

앱터가 산업화 없이 어느 정도의 근대화는 가능하나 근대화 없이는 어떠한 산업화도 불가능하다고 했을 때, 또 모방된 산업화는 선진국 산업화의 연장이라 했을 때 성실하고 정직한 인간의 도전dash 없이는 기술 개발, 기술 혁신을 내용으로 하는 산업화는 불가능하다는 정곡을 찌른 것이다. 인간을 정직하고 성실하게 만드는 작업 그것이 근대화이며, 이 근대화 없이 산업화로 가는 길은 독재의 길이요, 부패의 길이요, 식민 종속의 대로로 나선 꼴이 된다. 그리하여 나의 논문은 「유교와 근대화」라는 제목을 내걸고 출발한다.

우리 미래학의 석학들이 예악禮樂 사회를 제창하고 나선 것은 실로 탁견이라 할만하다. 다만 이만큼 산업화됐으니 이젠 예악사회라는 데는 동의하기 어렵다. 오히려 예악사회 없이는 진정한 산업화도 없기 때문이다. 논문의 뼈대가 그려질 무렵 캠퍼스를 뒤덮었던 자목련은 죄다 지고 현장 실습 차 들렸던 워싱톤 거리에 일본이 진상하였다는 사쿠라가 만발해 있었다. 일본의 근대화 과정을 추적하면서 럭우드 교수와 벌였던 열띤 논쟁을 상징하듯 사쿠라는 벌겋게 상기되어 있었다.

워싱턴에서 돌아온 나는 한인 학생들과 한국 근대화에 관한 심포지엄을 열었다. 중국과 일본에서 많은 것을 취하여 한복을 입혀야겠다는 결론이었다. 집 떠난 지 몇 달이 안 되었으나 아내는 두고 온 어린 것들 때문에 향수병에 시달렸다. 잠깐 다녀온다고 제대로 된 대비도 없이 떠나와 더 그랬다. 애들이 모두 깨어 돌아다니는 시간인데 어미가 어찌 잠을 잘 수 있겠느냐며 소파에서 졸고 있는 아내는 더 측은해 보였다.

나는 자료만은 충분히 준비하고 논문은 귀국 후에 완성할 요량으로 뛰어다니면서도 흔치 않은 아내와의 일주여행을 놓치고 싶지 않았으나, 아내는 미국 구경도 일본도 유럽도 마다하고 얘들만을 보고 싶어 했다. 결국 5월 5일 어린이날의 선물이 되어 우리 부부는 귀국하는 용단을 내렸다. 마침 제1차 오일쇼크로 어수선한 자리로 옮겨 앉은 나는 도저히 논문을 완성할 수 없었다.

1년이 다 되어 자리가 잡힌 뒤 틈틈이 논문을 써 내려갔으나 거의 또 1년이 걸렸다. 마침 신문사에서 원고 청탁이 있어 메리고라운드에 글을 싣는다. 제목하여 왈 「근대화란 미적분」이었다. 갈겨 쓴 원고를 정리해준 직원들 그리고 영문 타자의 어려움을 덜어준 여직원들의 노고를 잊을 수 없다. 모두에게 감사드린다.

1975년 4월

한동우 올림

한국 근대화의 명암

한동우

1. 근대화 육참기肉參記

왜 육참기인가

　20여 년 간의 공직생활 내내 한국 경제의 변화 과정을 사시적 입장에서 바라본 업보라 할까. 소위 신군부가 들어설 때 더는 견디기 어려워 직장을 물러났다. 누구나 부정을 하지 않고는 머무를 수 없는 상황을 용케도 버티다 벗어던진 공직이라서 한편 그렇게도 후련할 수가 없었지만, 가족들이 겪는 낭패감에 회한이 없을 수 없었다. 얼마 간은 몸에 익은 등산으로 세월을 달래다 이내 인생의 중반을 총 결산해보겠다는 새로운 의욕이 용솟음쳐 왔다.

　그것은 내게 내려진 반체제의 낙인을 영광스럽게 받아들이며 최후의 승리를 굳게 다짐하는 뜻에서 뿐 아니라 20년간의 공직생활에서 유일하게 숨통을 트고 지내던 기자실記者室을 나올 때 누군가가 무심결에 던졌을 "책이나 써 보라"는 희미한

격려가 통째로 버려지는 것이 아닌 나를 곰곰이 건져내 주었고, 벌써 책을 쓰고 있다는 소문이 옛 직장을 스멀거리며 채근하고 있었기 때문인지도 모른다.

그러나 붓을 들면 다시금 복수의 피가 끓어올라 끝내 한 치의 진전도 가로막고 나섰다. 결국 나는 버릇대로 민중적 삶의 현장을 더듬으며 독립운동과 해방의 의미를 되새겨보고, 프랑스 혁명과 러시아 혁명으로 내달리며 시대를 앓다 간 유지들의 고독과 좌절을 밟고 서서 오만가지 생각을 뒤져봤지만, 나와 보는 것은 한 마디로 자유 평등이요 인간 해방에 더하여 이 모든 변화를 암울히 짓누르고 있는 조국 분단의 슬픈 현실일 뿐이었다.

더욱이 문제의 핵심에 접근하면 할수록 조국의 재통일야말로 이제 뒤로 미루고서는 당면하고 있는 여하한 문제도 해결할 수 없는 절대명의 혁명적 과제임이 확인되고, 점점 넓어지는 지평 위에 통일 혁명의 이정표가 뚜렷이 부상하는 감회는 언제나 힘의 원천으로 넉넉하게 다가왔지만 쌓아올려야 할 금자탑에 한 줌 보탬도 안 되는 몇 마디 입장과 서툰 몸가짐을 빌미로 박해를 자초한 경위는 차라리 어리석다 하겠다.

그러나 고향 마을에 무연蕪然히 벗어던진 베잠방이가 밤마다 들려주는 신음소리에 소스라쳐 우적거림은 우리네 역사가 흔히 주는 선비정신이랄 수 있지 않을까 스스로를 위로해 본다. 선비는 어디까지나 정신精神이지 계산計算은 아니기 때문이다. 박해를 당하는 아픔은 늘 요량했던 것 보다는 더하게 마련일 뿐이었다. 그러나 견디는 용기는 그것이 아무리 연약하다 해도 결국 쌓이게 마련이란 역사의 교훈이 나를 더 일깨우고 있었다.

해방이 일본의 항복 이상을 뜻하지 않았던 나이에 고향 마을에 불어 닥친 민족주의 열기 탓으로 몇 권의 독립운동사에도 흐느껴 울던 가슴은 그 후 민족 세력에 대한 박해와 좌절을 가까이서 지켜보았기에 더 평범하지 않을 수밖에 없었을 것이었다. 그러나 이승만 독재와 4·19 항쟁을 통해서 '민중의 편'이되겠다고 뇌까린 자들이 모조리 억압 편으로 변절하거나 탈락되는 어간에서 '억압의 장본인'과의 합환이라는 자신에 대한 분노가 끊임없이 고개를 들고 일어났다.

그리하여 운동권과의 서슴없는 교환에다 기회가 오면 거침없이 자살골을 질러댄 연유로 그라운드를 쫓겨났다 해서 이기고 지는 일에 연이 멀 수는 또 없을 것이었다. 그것은 근대화Modernization의 주역이었던 묵상파Retreatist들이 흔히 하던 배냇짓이고, 목적의 정당성을 외면하는 비릿한 행동으로 따낸 벼슬이 고작 역사의 전진을 가로막는 비웃음거리로 기록되고 말 것을 통찰하는 바람기였다.

뭐라 하면 "그런다고 되겠니" 스스로 주저앉고, "때 되면 어련히" 시간에 매달리며 "곪아야 터지지" 손사래가 십상이지만, 민생의 아픔이 오래오래 더해져 마소통(牛馬痛)에 이르도록 잘난 체만 할 것인가. '정야情也 동動이요 진야眞也 각覺'이라. 인정으로 움직이고 진리로 깨닫게 하는 일은 주제넘다고 해서 기죽어도 안 되며, 눈치 보아 미루거나 제쳐놓아도 안 된다는 신념을 주체할 수는 없었기에, 또 명리名利에 얽매이지 않고 영원한 미美를 쫓는 일이 수월치 않음을 알만큼은 알기에.

올바른 언동으로 훌륭한 선조가 되며, 과감한 결단으로 정의로운 선배가 되는 일 못지않게 난세를 꾸짖는 하찮은 선례를 남기는 일도 민중과 민중을 이끄는 이들에게 크나큰 용기를 북돋게 되거니와, 감옥 안에 있거나 밖에 있거나 다사롭게 서로 마음 맞아 하는 일조차 얼마나 줄기차게 너와 내게 꽤 큰 힘이 돼주고 있는가에 생각이 미치자 보잘 것 없는 나의 기록이나마 그것이 왜 보잘 것 없는 기록이 되어야 했느냐 하는 의미에서도 현재와 미래의 전사들에게 한 잔의 탁배기가 될 수 있지 않을까 하는 자만심이 꿈틀거린다.

또한 공직에 앉아 터무니없는 공적公賊 노릇을 하면서도 만백성이 잘난 사람에게 으레 것 입혀주는 금의錦衣인 양 섣불리 거들먹거리며 우두머리의 반민족적·반민중적 작태에 손발이 돼주고 있는 선배나 후배들에게 순간의 영화가 영원한 오욕이 되지 않도록 때와 장소를 가리지 말고 혹은 혼자서 또는 연대하여 민중적 이익에 편들기를 간구하며 폭군을 방벌放伐할 대신 그 시녀로 치장됨을 가상히 여기는 유약에 대하여 경종을 난타하고 싶은 충동도 만만치는 않았다.

특히 고관의 신분으로 해직 언론인들과의 잦은 만남을 '해직 기자 격려'로 소문내고 다닌 기자실 일부의 입방아를 무릅쓰고 운동권 대부 리영희 선생을 맞아 몇몇이 근사한 요리집에서 꽤 늦게까지 불콰하게 유신체제의 조종을 들을 수 있었는데, 그 후에 나타난 신군부가 주관한 학생데모진압 대책회의에서 주위의 쥐 죽은 침묵을 깨고 이젠 학생 요구를 들어야 한다고 결연히 나섰던 만용도 후회되기보다 늘 정의의 외침이 그런 거라는 자랑으로 다가오지 않는가.

글을 쓴다는 것 특히 나의 과거를 정리해 본다는 것은 특히 내게 있어 퍽 자기 교정성이 강한 듯하다. 지녔던 생각들이 문자화되면서 어처구니없이 허물어지고 전혀 새로운 생각이 그 자리에 터를 잡는 미묘한 진보를 나는 자주 느끼고 즐겼다. 글을 쓰면서 제일 겁을 먹은 것은 나 자신이나 가족에 대한 포폄이 아니라 나의 반생과 연이 닿았던 여러분에게 의리 없이 누를 끼치는 두려움이었다.

나아가 얼마 전까지도 '한 솥밥'을 먹던 동료들의 세계를 먹칠한 탓으로 훼가출동毁家黜洞의 뭇매가 기다리고 있을지도 모를 일이었다. 그러나 '소신' 두 자로 귀를 막고 '보람' 두 자로 쓰라림을 달래리라 작정하니 마음은 의외로 쉽게 가라앉고 미숙을 무릅쓰는 새로운 흥분이 채비를 차리는 것은 또 그 못된 다혈질 때문일까.

나의 자서전이 거의 1000매에 육박할 무렵 매일매일 맹독

가스와 함께 사무실을 맴돌던 유신 철폐 함성은 드디어 6·29 혁명을 고창한다. 감격 또 감격이었다. 여기저기서 소위 영입 교섭이 있었고 도리 없이 다시 관변으로 전향한다. 자서전은 더 쓸 수도 없었고 출판은 더더욱 생각도 할 수 없었다. 어언 30여 년이 흘렀다. 인생 마감기에 접어들며 아련한 추억 속의 쉰 자서전을 다시 찾게 된다.

 책장 구석을 뒤졌다. 먼저 번역해 두었던 「유교와 근대화」 덕분이었다. 작금 유교 때문에 중국이 망한 게 아니라는 연구 보고서가 여기저기 소개된다. 이 논문의 출판을 계기로 「쉰 자서전」의 아쉬움을 달래게 된 것이다. 쓰레기통의 장미라 할까. 지금의 시각으로 꽤 허접스러운 내용이 많았으나 그래도 헛수고로 돌리기엔 어딘가 미련이 남아 있는 글귀들을 뽑아내고 싶은 충동을 느낀다. 노욕일까. 많은 이웃들의 질정을 감수할 따름이다.

2019. 8. 15. 송암서실에서

한동우 드림

내 용

가. 나리꽃(요약)

나리라 어깨에 힘을 줬지만 그러나 그것은 개나리였다.

처음 대하는 백성 '영감 언제 가오아세 해주셔야지요.' ─ 가오아와세(顔合)=상견례

'내려다보고 살자'에 '올려다봐야 올라가지.' ─ 아내와의 문답

촌지寸志, 나아가 축재에 고민하는 선비정신 ─ 현실에선 밀리지만 유교라는 것에 버릴 것만 있는 게 아니지 않는가. 안분지족, 규범 중심, 명분 중심, 시시비비. 오늘의 민중사를 끌어올린 지식인의 역할은 호가호위로 왕권을 빙자하여 영화를 누린 수많은 글꾼들이 있었음에도 그 밖에서 조각보를 이어가며 민족의 위기를 극복하는 저력이 되고 있는 것은 아닌가.

타도! 고도성장. 경제성장의 진의가 정치적 필요에 의하여 왜곡되면서 인플레 고공 행진, 빈부 격차 가속, 재벌 비대, 대중 궁핍화, 철권독재 강화, 투기 촉진, 외채 누적, 상환불능사태 임박, 내부적 분업 연관을 통한 확대 재생산 체계를 갖춘 '민족 경제' 꿈 무산 등.

경제발전이란 물량의 증가가 아니라 생산성의 향상이라야 한다. 결국 민중은 내국 상전과 외국 귀족을 떠받드는 이중고에 시달리며 맹독 악취 등 화학적 공해뿐 아니라 중후장대에 휘청거리는 몸으로 소음열한까지를 견뎌야 한다. 그런데 어처구니없게도 생산성이란 기술 개발이 아니라 이들 민중의 의욕을 북돋는 길 밖에 없으니 어쩌랴.

재벌들에게 국내 금리의 5분의 1도 안 되는 저금리로 융자를 받게 해주고(외자 도입, 현금 차관, 유산스, DA 등 외상 수입) 뒷돈을 받아 챙기거나 재벌들에게 시중 금리보다 훨씬 저율의 은행 대출을 알선해주고, 나아가 대출금리보다 예금금리를 높여주고(역금리) 그 결손을 중앙은행이 보전토록 한 후 이 돈을 재벌기업에 저금리로 대출해주는 등 기발한 아이디어가 준동한다.

재벌들에게 증자를 용이하게 해줄 목적으로 증시 활성화를 강행한다. 수단은 강제 기업 공개다. 뜻있는 자 모두 주식 배정받으려 긴 줄 선다, 자본시장의 저변 확대다. 모두 주민등록증을 떼 갖고 달려드니 대가리 도끼성냥이다. 상하좌우 탁탁탁이요 여아피아 자자자로다. 우리 고도성장의 한 단면이다.

눈에 보이는 보조금, 법인세 감면, 조세 환급 등등 보다 교묘

한 지원책들이 양산되고, 이들 특혜와 이를 통한 반대 급부가 알게 모르게 횡행한다.

선진국 엘리트들에 의하여 주조된 후진국 엘리트들은 모조된 독립국을 구가하며, 비교생산비에 바탕을 둔 부등가교환을 열창함으로서 민중적 고통은 하소연을 끝내고, 허무를 피어 문 성격이 파탄하거나 죽지 못해 사는 영혼이 목숨을 던진다. 그래도 참아야 된다며 계속 앞으로 앞으로 장밋빛 희망을 흔들어 대는 사기 거간꾼들의 사치와 낭비는 그들의 격조 높은 정신적·육체적 카타르시스에 매달리는 타락한 민중을 양산한다.

'민족 경제'하면 촛불 켜고 살자는 얘기냐 핀잔을 주던 박사들은 해가 저물면 또 애꿎게 참을성 없는 민중을 나무라는 기지를 발휘함에 틀림없거니와 그래서 늪 속의 도요Snipe in the bog라도 울부짖어야 한다. 그것은 민중의 아픔을 가냘프게나마 체감하는 탄성이며 피를 쫓는 길을 알기 때문에 하는 소리다.

사람은 태어나면서부터 역사 속에 있게 마련이나 역사를 마음대로 들락거릴 수 있는 출입증은 있을 수 없다. 러시아의 니콜라이 1세가 아무리 진보라는 말의 사용을 금지하는 명령을 내렸어도 이성의 힘이건 지혜나 의식의 힘이건 자유와 평등은 역사의 전면에 나섰고, 그것도 공수표가 아니라 인권 해방 복지 등 제법 구채적인 모습으로 오늘에 다가오고 있는 실상이다.

삼선개헌의 환호 속에 청와대 근무를 마감하며 마지막으로 '70년대 캐치프레이즈'를 모집함에 응하여 수출입국과 같은 장한 외침보다 '매듭짓고 전진하자'를 내갈겼다. 부실기업 정비반에서 외자비서관으로 고도성장의 많은 허점을 보았기에 늦더라도 착실하게 전진하자는 뜻이었다.

나. 뿌리를 찾아서(요약)

1) 내 고향 수원 화성

태어난 정판情辦에 맨 처음 지워지지 않는 모습으로 남는 것은 어머니의 젖무덤일 것이고, 이러한 차례로 맨 먼저 들어와 박힌 산천이 고향일 것이다. 그래서 고향은 제2의 어머니다. 그렇게 해서 정이 든 조국은 제3의 어머니가 된다. 어머니를 사랑하는 마음이 고향을 못 잊어 하고 조국을 감싸 안는다. 그래서 민족의 싹이 튼다. 애국심은 향토애로, 가족애로, 모성애로 미분되며 이들에 의하여 다시 적분된다. 가족 보전, 향토 수비, 조국 보위다.

북방으로부터 혹은 남방으로부터의 쉴새없는 난리를 막아내고, 이 민족이 오늘의 모습으로 살아남은 유장한 역사는 더없이 소중하고, 세계를 돌아봐도 몇 개 남지 않은 걸작품이라 아니할 수 없다. 중학교에 입학하여 서울로 올 때까지 딱 13년간의 내 고향은 언제나 새롭고 그립다. 평생을 씹고도 남을 추억들이 앨범에 추려 담겨 있다. 앞으로 질펀한 논과 밭을 한 아름 안아 품고, 뒤로는 나지막한 등성이를 넘어 갯마을과 닿아 있는 비산비야非山非野의 땅.

여름이면 적삼을 벗어 하루살이를 쫓으며 글방엘 다녔고, 더위에 못 이기면 풍덩 논 귀퉁이에 있는 웅덩이로 뛰어들어 흙탕물을 뒤집어썼다. 모두 다 일터로 나간 고즈넉한 마을. 이따금 지나가는 박물장수의 딸랑한 요령 소리나 엿장수의 사근거리는 가위 소리에 멍텅구리 개들만이 컹컹 대는 전설의 고향이었다. 해방이 된 건 열 살 때였다. 겨울의 바닷바람이 안타까우셔서 어머님은 나를 한 살 늦게 초등학교에 입학시키셨으니 3학년이었다.

이미 조선말을 하면 퇴학당한다고 해서 웬만한 일본말은 다 지껄였고, 입학식에서도 일본 국가를 줄기차게 불렀다. 황국신민 선서 '우리는 일본 제국의 신민이다. 충성을 다해 천황 폐하에게 충성을 다 한다'를 뇌까리고 다녔다. 그러다가 수원서 내려오는 도라꾸(트럭)를 졸졸 따라다니다 운전사로부터 일본 항복 소식을 듣는다. 가근방에서는 제일 먼저였다. 집에

오니 장날이라 아버지가 경영하는 약방에 모인 손님들은 아연 실색이고, 아버지는 떠들고 다니지 마라 경고하신다.

방학이 되어 내려와 있던 고학년 선배(수원중학 3년)는 그럴 리가 없다. 일본 말로 "최후의 1인까지 싸우다 죽는다. 고상(항복)은 절대 없다" 단호하게 외쳐 주위의 어른들을 무색케 했다. 그런 고향 마을에 '두렁바위 만세운동'(제암리 사건)이 울려 퍼졌다. 고향 마을에서 5킬로 미만의 거리였다. 그렇게 고향 마을은 갑자기 긍지의 땅으로 빛을 발하고 있었다. 청년들은 나서서 신사를 불사르고 순사들 살림집을 들쑤셨다.

공출(농산물 강제 수납)을 닦달하던 면서기 이장들도 수난을 당하긴 매한가지였다. 추석을 맞이해 마을 뒷산 가설무대에서는 어느 새 신파(연극)가 일인과 그 주구들을 작살내고 있었고, 줄줄이 태극기가 나부끼는 가운데 더러더러 조선인민공화국 만세도 펄럭이고 있었다. 집안에는 동립운동지혈사, 혈누사와 함께 안중근·유관순·윤봉길·강우규·김상옥·나석주·권동진을 비롯 제 의열지사들의 사진이 널려 있었다.

장날 시장에서 영어 알파벳과 간단한 인사 교환 회화 책이 나뒹굴었다. 면에서는 설탕 배급이, 학교에서는 눈깔사탕이었으니 이건 또 웬 떡인가. 내가 운동장 구령대에 올라 "이순신과 거북선"을 외치고 나니 양복이 한 벌 배급되었다. 좀 이상한 것은 등굣길 학교 담장 사쿠라 나무에 매달린 공책장이었다. 설탕 배급 받지 말자, 사탕도 안 된다. 아니 이건 무슨 소린가. 집에 와서 여쭈어보나 묵묵부답이었다. 나중에 좌익이라 했다. 미국 놈 앞잡이가 되지 마라였다.

그렁저렁 한 해가 지나고 나니 이범석 장군의 민족청년단이었다. 젊은이들이 수원에 있는 족청훈련소로 몰려갔다. 공설운동장에서는 '밝아 오는 고향' 또 신파였다. 족청 주최였으니 아버님이 단장으로 깃발을 앞세우고 호위를 받으시며 개막 축사를 하신다. 집에는 진행을 맡은 요원들을 위한 주과가 가득 널려 있었다. 지금 생각하면 그 뜨거운 열기! 알게 모르게 나의 민족의식의 밑거름이 아니었나 싶다.

일제 만행 사례는 수도 없이 많이 발굴·전파 되었으나 제암리 사건과 그 배후가 되었던 고향 마을 주재소 방화 및 일인 경찰 타살사건은 참가 인원이나 사상자 그리고 재판기록상의 형량으로 보아 일제에 대항한 최대 폭동이었으며, 그만큼의 비극적 장거였음에 틀림없다 하겠다. 왕궁에서 10리 땅을 경이라 했고, 200리 땅을 기라 해서 경기 지역은 모두 외곽 안보를 위한 공신전이었다. 모두 세도가의 소작인이었고 마름들의 대리 감독을 받았다.

토지조사사업으로 땅을 빼앗기거나 주인인 세도가의 방매로 땅을 잃은 백성이 제일 많았기에 만세 소요사건 건수로도 경기 지역이 비교되지 않을 정도로 많았다. 특히 서해안 지역은 일인들의 간척사업으로 토지 강제 수용, 인력난, 일인 감독(십장)들의 오만과 횡포, 지역 주막을 둘러싼 그 앞잡이 폭력배들의 기승, 특히 의병·민란 가담자들, 지명 수배자들의 피신처가 되어 휘발성이 은밀히 강한 지역이었다. 실제로 이들이 과격 시위를 주도하고 종적을 감춘 예도 많았다.

더하여 동학 북접의 거점이었던 보은집회에 경기지역 의인들이 대거 참여한 후 수원교구와 남양(현 화성)교구의 포교 활동과 모금 활동이 활발하였으며, 부락 단위로도 전교실과 강습소가 여러 군데 설치되어 있던 지역으로, 1889년에도 이미 가렴주구를 견디지 못한 수백 명의 농민이 수원관아를 습격하였으며, 1891년에는 정조 능원군이 봉기하여 능참봉의 탐학을 규탄하는 등 궁궐의 제 1방어선 수원의 민심은 오래 전에 등을 돌리고 있었던 터였다.

2) 콩트―배반의 장미

못 보던 사람들이 이집 저집 몰려다니며 만세를 부르라고 소리치던 기억이 아련하다. 열 살 때였다. 갯고랑 건너 쪽에서 온 불한당이라 했다. 또 만세 꾼이라 했다. 영문도 모르고 몇 사람이 따라나섰다. 나중에 들으니 가근방 주재소로 몰려가 이를 부수고 불을 질렀다고 한다. 일본 순사가 돌 맞아 죽고 동민들도 몇 명 죽었다고 했다. 며칠 뒤에는 20여 리 떨어진 두렁바위에서 누군가가 진흥회실에 사람을 가두고 불을 질러 수십 명이 타죽었다고 했다.

아버지는 왜놈들이 쳐들어온다고 해서 가재도구를 담밖에 내놓으시고 멍석으로 가리셨다. 아버지가 왜놈 글을 오랑캐 글이라 하셨기에 학교는 쳐다보지도 않았다. 사서삼경을 마치고 나니 쉽게 물러갈 일본이 아니었다. 아버지를 졸라 스물이 다 되어 보통학교를 졸업한다. 대처에 나가 일본 놈 종살이하는 것보다 농촌을 지키며 아동을 가르치는 게 낫다는 생각에서 아버지가 서당으로 쓰시던 사랑방에 학원을 열었다. 국어·산수·지리·일본어 등이었다.

어떻게 알았는지 일인 교장이 내려와 일본어를 국어로 하라 했다. 운동회 때 만국기 속에 태극기를 매다니 교장이 다시 재미없다 했다. 더 나갈 수가 없었다. 막상 학원을 접고 나니 망막했다. 어머니 병환이 위중하셔서 사방팔방으로 일 년 여 간 용한 의원을 찾아다니다가 의사가 되리라 마음먹고 의학강습소를 다닌다. 마침 지방약사시험에 응시하여 읍내에 약국을 차린다. 의사가 없는 벽지에서 나는 약사 겸 의사였다. 개업 2년차에 옛 제자 완규가 찾아온다.

다소 먼 동내에 사는 완규가 할아버지에 이끌려 온 지 두어 달 만에 두각을 나타내어 반장을 맡겼었다. 그러나 완규 아버지가 만세사건으로 반신불수가 된 지는 처음 알았다. 그 때 많은 청년들이 고문당해 병신이 되었고 감옥살이도 여러 해 했다고 들었지만 서두. 침통을 흔들며 진맥 깨나 하던 의원들도 무서워서 얼찐거리지 않았고 환자들 가족들도 쉬쉬하고 숨어 사니 자연 잊혀져가고 있었다. 벌써 십 년 전 얘기 아닌가.

동네 사랑방에서 또래들과 어울려 시시덕기리던 완규 아버지가 갑자기 들이닥친 낯선 청년들을 따라 주재소 앞뜰에 들어섰을 때는 주위는 온통 흰색 바다가 되어 있었다. 조선인 순사가 몰래 도망쳐 헌병 분소에 연락하는 바람에 날뛰는 보복이 피를 부르며 온 동네를 불살랐지만 바닷가 원 뚝 밑으로 피신하는 것도 하루 이틀이었다. 주범이 잡히고 종범이 끌려오고 초죽음 끝에 모두 개천에 벌여져 있었다.

두려움 반 호기심 반으로 따라나섰던 완규 아버지. 할아버지가 염 벗 일로 인천 출입이 잦은 관계로 일찍이 성냥을 갖고 다니셨고, 아버지도 몰래 그 성냥을 자랑하고 다녔는데 일인 순사가 도망 가고 만세꾼들이 주재소 집기를 부수고 있을 때 누군가 성냥 성냥해서 완규 아버지가 나서게 되었다는 것이다. 그 일로 주재소에 잡혀간 완규 아버지를 따라 인근 추녀 밑에서 며칠 밤을 지새우던 가족들이 핏덩어리를 염 수습하듯 아버지를 들쳐 업고 집에 들어섰다.

허나 따스한 아랫목에 뉘우는 것 말고는 달리 할 방도가 없어 망망할 따름이었다. 사람 노릇하기는 영 글러 있었다. 호리병에 솔가지를 꽂아 똥물을 퍼 먹이기도 했고, 오징어 뼈 가루나 시욱지 기름도 끊이지 않았다. 구더기를 걷어 낸 지 1년이 다 되어 몇 걸음 옮기는가 했더니, 가족 이외는 보기만 하면 온몸을 떨며 다락방으로 기어올랐다. 낫다 덜했다 하기를 10

년. 가족들은 모두 죄인이요 집안은 구석구석 흉가였다.

지난 해 할아버지가 돌아가신 후 더는 다락방에서 내려오지 않으려 했다. 다들 쉬쉬하는 사이 완규가 용기를 내어 나를 찾았노라 했다. 완규는 내게 매달리 듯 말했다. 선생님이라면 고치실 것 같아요. 아니 못 고치시더라도 진맥이나 한 번 해 주세요. 나는 망막했다. 10년 넘게 아무도 무서워서 못 갔다니. 나라고 해서 아무 일 없을까. 그러나 의원 행세를 하고 있는 내가 환자를 마다 할 수는 없지 않은가. 거기다 옛 제자의 간청이니.

이걸 무서워서 못 간다면 강습소는 왜 했을까. 생각이 여러 번 겹쳤지만 나는 자전거에 왕진가방을 달고 완규네 동네로 들어섰다. 근자 소방대가 경방단으로 개편되면서 주재소나 면소에서 날보고 단장을 맡으라 한다. 청년들을 모아 소방훈련을 시킨다지만 유지로 여기저기 불려 다닐 일도 많을 것이었으나 나는 이를 수락했다. 고생하는 사람들에게 조금이나마 힘이 돼주고 싶었기 때문이었다.

10년이 넘었는데 날 어쩌랴. 완규가 용기를 내어 날 찾았노라 했지만, 나도 용기를 내어 완규 아버지를 안아드렸다. 완규 아버지는 도망치지 않았다. 오랜 친구를 만난 듯 곧추앉으려 애를 썼다. 완규와 헤어진 지도 5년이 지났는데 이제야 알게 되어 민망하다 했다. 안타깝고 솔직히 자랑스러웠지만 그 소리는 차마 못 냈다. 완규 아버지는 머리를 흔들면서도 매우 만족한 듯 입가에는 엷은 미소까지 어려 보였다.

아버지까지도 거긴 왜 따라 갔느냐, 성냥은 왜 갖고 다녔냐 한탄 겸 질책하신 적이 한두 번 아니었다. 완규네 집을 나서면서 나는 만세사건 피해자를 더 찾기로 마음을 다져봤다. 다들 집 안팎에서 구박덩어리로 살다 한 많은 생을 마감한 이들도 꽤 되리라. 나라가 망했을 때 모두 독립운동을 할 수는 없는 노릇이었다. 많은 사람이 해외로 나가 무장투쟁을 할 수는 더 어려운 일이었다. 다 형편이 있고 기질이 있기에.

독립 자금을 지원하기도 무장투쟁만큼이나 어려울 것이었다. 조선에 사는 조선인은 일제와 같이 살면서 그들에게 무시 당하지 않을 만큼 지덕을 쌓아야 한다. 때에 따라서는 작은 일이라고 일본에 등을 돌려야 할 때는 꼭 그래야 한다. 동족의 억울함을 도와줌으로서 그 뿌리를 육성해야 한다. 언젠가 조선 민족이 무성해질 것이라는 희망을 갖고 일 보 아니 반 보라도 전진하면 그 날은 반드시 올 것이다.

밖에서 아무리 무장투쟁을 해도 안이 썩으면 그 투쟁은 힘을 받지 못한다. 만세운동은 그 많은 희생과 억울한 고통이 있었다 해도 조선족이 망하지 않고 유구한 역사를 지켜나갈 자질이 있음을 만방에 선언한 통사임에 틀림없다. 화수리 주재소 방화 살인 만세사건은 전국 최대 규모의 주민 폭동이어서 주모자들은 여럿이 전국 최고형인 15년에서 10년형을 언도받아 복역했지만, 이들을 가려내기 위한 고문으로 그 이상의 후유증을 앓는 사람이 2~30여 명이나 된다고 했다.

　26년 만에 왜놈들이 물러갔지만 이들 거의는 유명을 달리했거나 해방의 기쁨을 나누기엔 다 폐인이 되어 있었고, 오래 기죽어 지낸 가족들도 뭐가 뭔지 수년간을 더 기를 펴지 못했다. 해방의 기쁨을 열창하던 면민대회에서도 만세운동으로 골병든 이웃들은 경축을 받을 엄두도 못낸 채 오래 머니가 되어 있었다. 그 고생은 이루 말할 수 없지만 매우 비싼 값을 지녔음에 틀림없다는 말로 무슨 위로가 되겠는가. 하늘만이 그게 천리라고 말할 수밖에 없으리라.

다. 반항아(요약)

1) 저항의 본질

　저항은 고통을 해방하는 운동이다. 운동 없는 저항은 고작 감록으로 대표되는 종말론Eschatology과 이인론Messiahnism으로 빠질 뿐이다. 산천이 수려하여 많은 십승지지十勝之地가 생겨났지만, 백성들은 고통을 이기지 못하면 민란이었다.

　농노제였던 고려는 시도 때도 없이 민란이었다. 조선도 토지개혁이 있던 초기 100년을 빼고는 다시 도처에 항쟁의 불꽃이 피었다. 그 성군이라는 세종 년간에도 아사자가 속출했으며,

강제 이민과 양전(조세) 강화로 원성이 높아지자 아예 민원을 금지했다.

대저 저항하는 민족은 생존한다. 저항하지 못한 민족은 이 지구상에서 수없이 명멸했다. 그렇다고 비록 외적에 대한 저항만으로 다 되는 게 아니다. 외적에 대한 저항은 내적에 대한 저항의 연장일 뿐이며, 모두 통 털어 압제에 대한 저항 없이는 민족의 보전도 어려운 것이다. 그런데 저항은 아무나 할 수 있는 게 아니다. 저항은 본질적으로 저항정신의 산물이다. 저항정신은 종족 보전의 소박한 단계에서조차 문화의 뒷받침이 있어야 한다. 하물며 대민족의 오랜 번영을 위해서는 그에 상응하는 심도가 있어야 한다. 문화란 결국 공동체 구성원이 그 공동체 안에서 살고 싶도록 만드는 일일 따름이다. 우리 겨레는 끊임없이 존망의 위기를 극복하면서 문화를 축적해 왔으며, 그 온축이 보다 크고 거센 위기를 이겨내는 밑바탕이 돼준 것이다.

우리는 흔히 또는 어리게 독립운동이 없었어도 해방은 왔을 거란 생각을 하기 쉽다. 그러나 독립운동이 없었으면 8·15는 일본의 패망이었지 조선의 해방은 아니었을 것이다. 또한 일본을 대신해서 또 다른 압제가 있다면 조선은 아직도 해방된 것이 아니다. 8·15를 1차 해방이란 소이가 여기에 있는 것이다. 반대로 일본이 패망하지 않았거나 승리했다 해도 조선은 끝내 해방되고 말 것이었다. 조선 민족은 저항하는 민족이요 그 저항이 생명이기 때문이다.

중국 민족의 반제투쟁과 연계하여 반일폭력투쟁을 주도했던 김산은 님 웰스와의 인터뷰에서, 조선 민족의 끈질긴 저항운동이 얼마나 일본의 조산 지배를 어렵게 만들고 있는가에 언급하고, 우리 민족이 끝내 독립을 되찾고 말 것이라는 낙관론을 폈다. 모두가 쥐죽은 듯 일제에 복종하거나 동화된 탓으로 저항의 문이 닫혀버린 줄로 아는 많은 사람에게, 실제로 일본인 자신들이 우리를 얼마나 버겁게 여겼는가 하는 기록을 밝히는 일은 그래서 중요하다. 결국 일본은 그들의 압제에 동조하여 영화를 누리는 무리들과 함께 언젠가는 그 압제에 시달리는 민중에 의하여 물러나고 말 것이며, 아무도 저항이 승리하는 필연의 나라와 맞설 수는 없다는 역사의 교훈을 뼈아프게 새기게 될 것이다.

일본의 패망으로 해방을 맞았을 때 우리 겨레는 그 해방 속에 새로운 압제가 숨겨져 있음을 뒤늦게 깨달았다. 많은 사람이 그 속임수를 알게 된 것은 정확히 2~30년 후 일 것이다. 그간 분단을 거부하며 좌우합작을 벌이던 많은 분들이 비명에 갔고, 북진 통일에 맞서 평화 통일을 주장하던 분들도 여럿 처형당했다. 그러나 이들이 불붙인 저항의 불꽃은 지금 어찌되고 있는가. 한 알의 불씨가 광야를 태운다는 말도 있지 않은

가. 지금 민주와 통일은 동시적으로 이루어져야 할 절대적 과제로 겨레의 숨결을 가쁘게 몰고 있으며, 민주 없이 통일 없고 통일 없이 민주 없다, 민주와 통일로 압제를 불사르자는 구호가 저리도 우렁차게 대오져 나오지 않는가.

2) 저항의 논리학

저항은 저항을 받는다. 압제는 희생을 강요한다. 하나 그 희생 거름삼아 새 생명이 살아난다.

꽃잎처럼 떨어져간 많은 독립투사 의병투사들. 시산, 혈아, 패주, 아사, 부상, 중상, 초분, 야시, 무명, 유명, 풍찬. 더 견딜 수 없는 잔인 고문, 치사상. 평생 벗어나질 못하는 고통. 다 각오는 했지만 누가 웃고 죽더냐. 각오 없이 설마가 사람 잡는 경우가 허다하다. 민주화운동으로 희생된 그 젊음들. 무엇으로 보상받으랴. 무엇으로 대신하랴. 금창이 미어지지만 그 희생 헛되지 않으리로 정녕 위로가 되랴. 그래서 저항은 군중 심리, 집단 최면, 귀신놀이가 된다.

죽음을 부르는 소리가 피 냄새를 풍기며 젊음을 유혹한다. 다들 취해 들어간다.

누가 흉탄에 쓸어질 줄, 누가 체루탄에 맞아 죽을 줄, 누가 경찰봉이 젊음을 그칠 줄. 아아, 저항은 하지 말아야 한다. 아아, 소요 민란 근처에는 얼찐거리지도 말았어야. 아, 후회가 강물처럼 넘쳐흐른다. 아, 승리자의 훈장은 떳떳한가. 승리자의 훈장은 값진가. 승리자는 초심을 잃지 않는가. 희생자는 억울할 뿐인가. 아니 희생자는 지금 웃고 있는가. 일진광풍 도깨비불에 귀곡성만 낭자하니 어쩌랴.

3) 저항의 사표 師表

김구 선생 마이크 잡다

푸른 밤송이로 태어난 나는 항상 담대하고 거칠 것 없는 몸가짐을 좋아했으며, 내 안으로 이글거리는 적성赤誠의 밤톨이 차오르고 있음을 느끼며 자랐다. 어머님의 태몽을 들을 때마다 범상치 않은 미래가 펼쳐지는 듯했다. 그러나 나를 먼저 가로막고 나서는 것은 상놈의 신분이었다. 아버지는 양반들과 자주 쟁투를 벌이셨고, 1년이면 몇 번씩이나 관아를 들락거리셨다. 삼촌도 솟증을 죽이지 못하고 늘 술에 취해 양반들과 으르렁거렸다. 이 모두가 상놈이 된 때문이었다.

나의 꿈은 먼저 상놈의 신세를 벗어나는 것이었다. 집안 분위기에 휩싸여 나도 또래 양반 자식들과 대결하기 일쑤였다. 힘이 달리면 부엌칼을 들고 나와 설쳤다. 양반과 섞여 글방에 다닐 때는 글로써 이겨보리라 얼굴을 책에 묻었다. 성적이 꽤 올라갔고 양반들의 시기도 따라 올랐다. 그러나 근본적인 변화는 없었다. 어른들에게 상놈을 벗어나는 길을 물으니 과거에 급제해야 한다고 했다.

16세에 응시하려다 연로하신 아버지께 기회를 들이고 물러선다. 그때 이미 과장은 막장이었다. 설쳐대는 탐관오리들의 옆모습을 지켜보며 나는 양반의 길을 접고 독불장군을 다짐했다. 상서相書, 지서地書, 술서術書를 빌어다 탐독하면서 결국 '선한 일을 많이 한 집안에는 넉넉한 경사가 있다'라는 적선지가積善之家 필유여경必有餘慶을 깨닫는다. 수도 입덕에 열을 올리고 있을 즈음 동학 소식이 들려왔다. 반상귀천, 빈부격차 없는 개벽 세상에 마음이 끌려 보은으로 내려가 최해월 선사를 알현한다.

직첩을 받아들고 황해도접주가 되어 많은 동지(聯臂)들과 함께 해주성 공략에 선봉을 섰다. 일군의 총기 난사로 겁을 먹은 사령부가 갑자기 퇴각 명령을 내린다. 제대로 싸워보지도 못하고 물러나 다음을 기약하며 군사들을 조련시킬 수밖에 없었다. 구월산 패업사에 진을 치고 있을 때 동학군을 일탈한 폭도들의 공격을 받아 많은 동지를 잃었다. 엄동설한에 홍역을 앓는 몸으로 어머님이 손수 지어주신 명주 군복을 벗어 동지들의 주검을 감싸 묻으며 의를 위해 목숨을 바치리라 재삼 다짐한다.

잠시 안 진사(중근의 부친)에게 몸을 의탁하면서 왜적과 싸울 결의를 다진다. 백두산 기슭을 돌며 독립기지 건설을 물색하고 돌아오는 길에 국모 시해 소식을 듣고 의병에 가담한다.

치하포에서 변복한 일인을 알아채고 칼을 빼앗아 그를 난자한다. 국모 복수를 내세웠지만 일인들의 눈치를 보던 사법 당국에 체포된다. 벌써 초죽음이 되어 인천감옥으로 이감되는 아들을 따라오시며, 차라리 물에 몸을 던져 함께 고기밥이 되자는 어머님께, 옳은 일을 했으니 하늘이 보살피시리라 위로 말씀을 드린다.

외적이 들어와 나라의 상징인 대궐을 범하고 친일 주구들과 작당해서 왕후를 죽였다면, 백성들이 너나없이 들고 일어나 왜인을 닥치는 대로 척살했어야 맞다. 대대로 영화를 누리던 삼한갑족과 당대의 권문세가들은 무엇을 했단 말인가. 잡혀간 지 3년 만에 고향을 찾았을 때 모두들 장한 일을 했다고 환영했으며, 11년 후 다시 안악사건으로 검거됐을 때도 왜경들이 나의 전과를 까맣게 모르고 있을 정도로 나를 응원하는 백성들의 마음은 한결 같았다.

일인 타살은 그만큼 민족의 애국심을 크게 일깨웠던 것이다. 고향에서 애국지사로 떠받들려 후진 양성에 전력할 수 있었던 것도 나의 성의가 많은 사람들을 움직였기 때문이었다. 희망이 없는 곳에 희망을 거는 것이 혁명가의 길이라면 정의한의 입지 또한 희망을 만들어내는 것이다. 그러나 무모한 충돌로 힘을 낭비하는 것은 극히 삼가는 일이었다. 나의 과단성에 의지하여 항일운동을 하자는 제의가 여러 번 있었으나 모두 자중자애하기를 권했다.

이재명이 비감을 못 이겨 총을 뺑 뺑 쏠 때 노백린 형과 나는 한 사람의 결기로는 오히려 일을 그르치기 쉽다고 총을 빼앗았다. 후에 이재명이 이완용을 척살하려다 실패했을 때 우리 둘이는 크게 후회했지만서도, 안중근의 종제 명근이 울분을 토하며 날뛸 때 힘을 비축했다가 효과적으로 써야 한다고 만류했다. 무조건 신중을 기하자는 것이 아니라 성과가 확실할 때 움직여야 한다는 것이며, 나아가 희생을 최소화하고 그들의 넋을 위로할 자신이 있어야 한다는 생각이었다.

두 번째 갇혀 죽을 고비를 넘기고 풀려난 나는 고향을 지키며 장기전에 들어갔다. 간간이 들려오는 만주·연해주·상해에서의 동지들 소식은 가슴을 설레게 했지만, 청·일, 로·일 양 전쟁에 승리한 일본의 기세는 만만치가 않았으니, 이에 합당한 전략을 궁리하다 보면 울울답답이 밀려와 잠을 설치기 일쑤였다. 다만 농장관리를 맡아 생활 터전이 잡히면서 모처럼 단란한 가정을 이루니 큰 위안이었다. 결혼해 10여 년 간 고생만 한 아내와의 사이에 아들을 얻으니 나이 마흔을 넘어 찾아온 농장지경弄璋之慶이었다.

바로 3·1이 터졌다. 가정사에 연연할 내가 아니었지만 반가움에 앞서 잔인한 왜놈들에게 도륙당할 백성들이 큰 걱정이었다. 어차피 격동을 휘어잡고 운동 역량을 키워나갈 중심에 서야 했으니 나 자신 몸을 사릴 수 없었다. 나는 상해로 뛰었다. 신민회에서 알게 된 혁명 선배들이 반가이 맞아주었다. 나는 독립 정부의 수위나 청소부가 되겠다는 심정으로 지나친 자리 다툼이나 지역 대립을 완화하려 애썼으며, 어떤 갈등도 민족 우선으로 봉합할 수 있다고 생각했다.

많은 사람이 소망하는 재산에 대해서도 나는 탐관오리의 축 재는 미워했지만, 절약하고 뼛심으로 모은 재산은 존중되어 야 한다는 생각이었다. 탈옥 후 삼남을 돌며 여기저기서 지주 와 농민이 대립하고 타협하는 모습을 눈여겨보았으며, 농장을 맡으면서는 일부 농민들의 나태와 작폐를 직접 체험하기도 했 다. 임정이 건국강령을 만들 때 나는 이런 점을 망라하고자 애 썼다. 이제 일제만 물리치면 온 국민에게 희망찬 대도가 열릴 것이었다. 가장 주장이 센 공산당도 나라를 세운 후에 경제 정 책으로 타협하면 될 것으로 보았다.

모든 이해관계를 민족 지붕 밑으로 끌어들이는 일이 중요했 고, 또 그 방면의 큰 진전도 있었다. 그러나 조국의 앞날이 미·소의 분할 점령으로 캄캄해지니, 26년 전 상해로 떠날 때와 다 름없이 초조하고 갈피를 잡을 수 없었다. 아무 발언권도 얻지 못한 임정 앞에 때를 만난 듯 불나비와 쥐새끼들(飛蟲鴟梟)이 친미와 친소로 갈려 쟁투를 벌인다. 나오느니 한숨이요 터지 느니 탄식이라. 이 노릇을 어쩌면 좋단 말인가. 다들 새 나라 의 동량이 돼 주리라 기대했던 인재들이었다.

어찌 강대국을 물리친단 말인가. 이제부터가 진정한 독립운 동이었다. 그런데 강대국 틈바구니에서 독립이 가능한가. 그

동안 보아온 월남을 생각한다. 일본이 물러간들 또 불란서가 들어올 것 아닌가. 다시 독립국가를 생각한다. 의문은 꼬리에 꼬리를 물었다. 선량한 강대국은 없는 것인가. 악의 강대국을 내쫓아야 한다던 강대국이 스스로 그 자리를 차지하는 셈 아닌가. 아니면 건국강령까지 마련한 임정을 방해하고 자기들의 구미에 맞는 정권을 세우려는 저의가 무엇인가.

우리의 살 길은 무엇이고 어디로 가야 하는가. 옷깃을 여미고 하나님 앞에 선다. 스물다섯에 주위의 권유로 하나님을 믿었다. 사랑과 평화, 이웃과 더불어 걷는 삶, 최후의 심판과 영생, 속죄로 복을 받는 기쁨 등등 많은 설교가 있었으나 내 속으로 들어온 십자가는 이웃 사랑이요, 이웃 사랑을 방해하는 불의와의 싸움이요, 최후의 승리가 정의에 있다는 확신이었다. 늘 절망의 순간에 희망을 안겨주시는 분은 하나님이셨다. 나는 하나님 앞에 무릎을 꿇었다. 맥박이 요동쳤다.

혁명 난류가 심장에 쏘아 박은 탄환이 아직도 맥박을 따라 자꾸 뒤척인다. 지금 미·소 두 강대국 밑에서 각각 나라를 세운다면, 그것은 온전한 나라가 아니라 속국이요, 우리의 자주성과 독립성은 요원히 물러가는 것이다. 나라는 영영 쪼개지고, 민족도 쪼개지고 종당 간에는 민족문화의 파멸과 함께 민족이 소멸되는 것이다. 민족이란 민족문화 그 자체이기 때문이다. 남의 문화 변방에서 그 나라에 종속되어 사는 것이며, 자기 민족의 번영을 위해 마음대로 외치는 자유인은 죽는 것이다.

문화의 중요성을 모를 때에는 나라에 충성, 부모에 효도가 우리의 가장 빛나는 미덕으로 알았다. 자식들에게 1차 유언으로 일지를 정리할 때만 해도 그랬다. 혁명 용사들이 나라를 세우고 친일주구를 처단하고 나면 백성들이 편안한 마음으로 가정을 지키며 나라를 받들게 될 것이니 시화연풍時和年豊 태평성대太平聖代 아니겠는가 했다. 미·소가 이빨을 드러내고 침을 흘리고 있는 이상 우리가 가장 먼저 챙겨야 할 것은 우리 문화 아니겠는가. 이를 중심으로 대동단결함이 활로 아니겠는가. 그 첫 단계가 외군 철수였다. 하나님의 응답이었다.

신탁통치에 매달리기 전에 완전한 독립 투쟁을 벌이는 일이었다. 반만년 역사요 조선조만 해도 500년 아닌가. 무슨 자치 능력이 부족하단 말인가. 왜 신탁통치가 선행되어야 하는가. 우리는 작은 나라이기 때문에 군사 대국을 지향할 수도 없다. 경제 대국을 지향할 수도 없다. 아니 있어도 다른 나라에 힘을 행사해서 자기를, 자기 문화를 강권해서 소리 없이 남의 소산을 거저 또는 싸게 가져 갈 대한이 아니며 또 그럴 생각도 없다. 우리는 우리 것을 갈고 닦아 남이 본받게 할 따름이다.

그래서 우리 민족이 나아갈 길은 우리 문화를 선양해서 모든 나라들이 우리를 따라 화목하게 살 수 있도록 앞장서는 것이다. 우리의 전통인 평화를 지키며 이웃과 서로 협동하는 것이요, 어른을 공경하는 것이요, 세계 민족이 저마다 나라를 세우도록 하고 서로 우의를 다지자는 것이다. 나라는 이미 사라졌으니 문화의 동질성을 내세워 민족문화를 회복하는 일이 독립을 쟁취하는 첫걸음이 된다. 이 본말이 전도되어 지금 우리의 주체성과 정체성이 얼마나 훼손되고 있는가.

북한은 비판이 허용되지 않는 곳, 국가 권력에 시달리는 인민들이 그 고통을 호소할 길이 막혀 있는 독선국가다. 그러면 남한은 어떤가. 부익부의 빈부 격차, 최악의 실업률, 최고의 자살률, 날로 더해가는 오염 강산, 교육을 따라가기 바쁜 가정경제의 파탄과 그렇게 훈련된 강병들에게 쪼들림을 당하는 약졸, 땅이 꺼지는 패배자들의 한숨, 태어난 자리에서 보고 배운 지식으로 자기를 부요케 할 방도를 찾기 대신 남의 무기로 남의 기술로 이웃을 겨누는 사냥꾼들이 우리의 희망인가.

귀족들만의 전유물인 자유 평등을 모든 국민이 고루 누리도록 하자는 게 근대화의 핵심인데, 부자는 여전히 귀족이고 쌍놈을 없앴다고 하나 새로운 쌍놈이 생기면 그게 진정한 근대화요 해방인가. 우리가 일제를 거부한 것은 총독부 건물을 인수하여 그 안을 우리의 귀족으로 채우려고 한 짓이 아니지 않는가. 소수만 잘 사는 나라는 언제나 있었다. 그 권력 국가는 백성의 착취를 헌법화 한다. 꼭 강대국의 지배 논리를 제 나라에 대입하는 것이다. 경찰과 군대로 귀족의 방패를 든든히 하는 것이다.

이제는 그게 아니라 어느 구석에 있든 많은 국민이 살맛을 느끼도록 해야 하며, 나아가 우리의 구순한 사회 환경을 온 세계가 따라 배우도록 하는 것이 우리에게 가장 합당한 독립운동이다. 강대국의 약육강식 논리를 배격하고 안으로 더불어 사는 공동체 문화를 발전시켜 나가야 한다. 민족이란 영토요, 그 지상 인민의 행복을 위해 존재한다. 약육강식의 논리는 민족을 파멸하는 것이다. 민족이 없어지며, 민족문화가 말살되며, 민족이 강약·빈부·남북으로 분열되고 있음이 그 입증이다.

44세에 고국을 떠나 70세에 환국한 나. 상놈의 추억 대신 임정 주석의 영광을 안았으니 그냥 죽어도 한이 없을 터였다. 그러나 나만의 영광이 아니라 민족의 영광이 목숨을 이어온 목표였고, 또 더 삶을 주시는 하나님께 드리는 영광일 것이었다. 작은 나라가 큰 나라 되는 길이 문화임을 보여주시는 하나님 아니신가. 문화란 단순한 민속놀이가 아니요 싸움을 독려하는 나팔소리와 북소리가 아니다. 두레반으로 민족을 불러 모으는 초혼의 노래이며 온정을 나누는 살비빔이다.

같이 하는 산하가 있어 민족이요, 함께 하는 일터가 있어 민족이요, 더불어 쉬는 그늘이 있어 민족이다. 제 땅에서 나는 소출로 배불리 먹지 못하면 민족이 안 된다. 유무상통은 있어야겠지만 자급자족이 민족 생명의 근본이다. 사람을 팔고 금수강산까지 팔아서 잘 사는 민족은 이미 죽은 민족이다. 후손들의 건전한 삶을 방해하는 오늘의 여하한 여유와 만족도 민족을 죽이는 것이다. 간디의 물레는 단순한 비폭력 반제운동이 아니라 민족자존의 영존운동이었다.

우리에겐 그런 지도자 왜 없는가. 제국帝國에서 공부하며 그 제국과 싸울 채비를 갖추기는 쉽지 않을 것이지만, 우리 독립 운동 진영에 그런 사람이 꽤 많았다. 그러나 새로 나타난 제국을 안이하게 보는 과오에 빠져 있음은 안타깝다. 많이 배운 사람이 귀족이 되려고 해서는 안 된다. 급제한 사람이 귀족이 되어 백성을 핍박하던 과거와 무엇이 다르랴. 정절은 끝까지 지키기 어려워 정절이며, 누구나 고생을 내려놓고 싶은 게 상정이기에 영화를 놓치기 싫은 것이다. 더욱이 새 제국에 맞서야 별 희망이 안 보이니 더 그랬다. 아무나 할 일이 아니었다.

그러나 독립운동도 멀리 보고 뛰어든 것 아닌가. 희망은 만들어가는 것이라며 모든 고난을 참아오지 않았는가. 오늘 문화 강국의 희망은 훨씬 뚜렷한 그림이다. 자주 독립, 민족 화합은 왜 지금도 휘발성이 강한가. 약육강식에 다 젖어든 것 같지만 사람은 사람이기 때문에 부지불식 간에 동물을 떠나 사람으로 회귀한다. 외세 의존, 빈부 심화에 사람의 심사는 늘 뒤집혀 있다. 그래서 이를 막으려 강대국은 위세문화, 강자문화, 빈부당연문화를 강화하기에 혈안이 되고 있는 것이다.

강대국이 밖을 침략하여 박수를 유도할 때 약한 나라는 높은 인간애·민족애·동포애로 안을 무장해 밖을 대항하고 그 손아귀를 벗어나야 한다. 그렇지 못하면 남이 우습게보고 수작을 부린다. 아무리 외형을 불려 강대국을 따라가기로 민중적 삶이 피곤해서는 점점 저들만의 귀족놀음으로 전락한다. 일제 때도 친일파들은 남부럽지 않게 살았다. 조선조의 양반을 더 낫다고 할 수 있는가. 그 끝은 매국이었다. 다수가 따분함을 느낄수록 그 사회의 경쟁력은 물거품이 되어 간다.

날 보고 국제 정세에 어두웠다고 한다. 물론 배운 바 지식도 적고 세상을 내다 볼 식견도 많지 않다. 그러나 신탁통치를 미국이 고려하고 있다는 얘기는 종전 6개월 전에 알았고, 미국에 끌려가선 안 된다는 생각을 그때부터 했다. 소련이 나중에 끼어들었지만 외세에 의존하는 정부는 독립정부가 아니라는 생각에 변함이 없었다. 3년이고 5년이고 하지만 그건 우리가 결정하는 게 아니어서 그 간에 이미 나라와 국민은 친미·친소로 갈라져 있을 것이었다. 또 임정을 고집했다고 하나 권세를 누리겠다고 한 게 아니라 구심점이 되어야 정국이 수습된다는 것이다. 사실 곱던 밉던 임정만한 정통이 없었기에 당시의 인재들은 다 임정의 품에 안겨야 했으며 그랬다면 분단을 감수했겠는가. 시불리로 분단이 됐다 하더라도 임정이 있어 얼마든지 연대가 가능하고 재결합을 이루었을 것이다. 권력에 눈 먼 사람이 아니라면 당시의 지식인 선언과 같이 다 분단의 비극을 예측할 수 있었다. 결국 비극은 현실화 됐다.

남한이 미·일을 등에 업고 국가 자본주의를 성공시켰다 하나 국가 자본주의는 처음부터 백성을 위한 정치가 아니었다. 특히 외자 성장이란 외자 좋은 일만 하고, 그들에게 생산기지를 제공하는 외에 민족이 영구 번영할 수 있는 기반은 어렵다고 보는 견해도 있다. 깊이 따지기는 어렵지만 남미·동남아를 보면 그렇기도 하다. 원료는 그렇다 치고 막대한 생산재를 수입하고서는 국내 노동 소득이 커질 수 없다. 오늘 민중의 생활고를 악화시키는 주범 아닌가.

또한 통제 자본주의는 아무리 통제해도 아랫목만 설설 끓고 윗목은 냉랭하다. 아랫목 사람만 가지고는 경제가 제대로 안 될 뿐 아니라 윗목 사람들의 창의력은 사장된다. 통제 교육, 통제 경영 때문만이 아니라 (윗목을 제쳐 놓고) 자기들만 살려는 마음가짐으로는 아랫목 창의력도 쉽게 솟아나기 힘들다. 있는 창의력도 시들고 고갈된다. 역대 어느 창의력도 돈만 많이 벌려는 사람에게서 나온 적이 없다. 왜냐하면 창조주와의 대화가 필요하기 때문이다.

근대화·산업화의 역사를 볼 때 1등은 영·미·불이요, 2등은 독일과 일본이다. 스페인과 이태리도 모방했지만 많이 불안하다. 러시아는 공산주의로 한 몫 보려 했지만 실패했다. 요는 창발력을 발휘해서 기계·기술·원료의 자급도를 높여야 한다. 그래야 안정된 일자리가 늘어난다. 지금 누가 3등을 할 것인가. 중국과 인도는 전통이 복잡 강고하다. 일본을 따라잡는 데는 우리가 적격이다. 주춧돌을 잘 놓아야 한다. 정의감 없는 사회, 억압된 사회는 창의력이 없다.

군부 독재 30년은 많은 신화를 창조했다. 그러나 저고용, 빈부 격차, 환경 파괴의 부작용을 남겼다. 이 노릇을 어쩌랴. 그 해결책이 안 보인다. 신화를 깨지 않고는 공리공담일 뿐이다. 무엇보다 국민 창의력을 크게 신장시켜야 한다. 북한과의 적대 관계 해소가 급선무다. 증오가 충만한 북한의 창의력이 보잘 것 없듯이 맞대응하는 남한도 큰 장애가 걸린다. 공동체 의식도 창의력의 한 축을 이룬다. 다른 나라와도 공동체를 말하면서 북한을 놔둬서는 안 된다.

신화는 박정희로 포장되었을 뿐 내용은 내로라하는 지식인 전문가의 두뇌로 채워져 있다. 마치 조선조 500년이 등과한 인재들의 작품이듯 말이다. 서울대학이요, 외국 박사요 다 수재들이다. 그들은 지닌 바 지식으로 불꽃을 태웠다. 그러나 기초가 부실해서 기울어지고 있다. 늦기 전에 버팀목을 세워야 한다. 중소기업 육성, 공정한 납품 질서, 토지 수용 확대, 무상 기술교육, 극빈자 생활보장 다 급하다. 모두가 느슨하게나마 한 가족으로 사는 것이 국력이다.

국민 위에 떠 있는 산업화는 허구다. 포철을 생각한다. 이 땅에 세워진 거대 시설, 거대 기업은 점점 다국적 기업으로 둔갑한다. 외국인 또 외국 박사 고용도 는다. 많은 한국인이 일하지만 그 덩치만큼 전체 고용과 소득에 기여하지 못한다. 일본·미국의 거대 시설은 파급 효과가 직접 고용의 3~4배나 된다고 한다. 시설·기자재·원료 3방향으로 퍼진다. 우리도 이제 자체 개발을 늘려 간접 고용을 극대화해야 한다. 대책이 늦으면 이제 더 성장은 어렵다.

밤을 패가며 땀과 악취와 독취와 싸우는 날품팔이 모작꾼들이 많아서는 안 된다. 야릇한 등불 아래 억지웃음을 파는 논다니들이 들끓어도 안 된다. 떡대로 깡으로 빗나간 의리로 갈취를 일삼는 왈짜들이 거리를 활보해도 안 된다. 세계에서 제일 많은 어린이를 양자 보내는 나라, 일본에서, 미국에서 몸으로 먹고 사는 조선 여자들이 많아서야 옛날 정신대를 나무랄 수 있는가. 외국인 노동자, 외국인 신부가 몰려드는 것도 민족적 화근을 심는 일이다.

4) 자그마한 나의 투쟁

글쎄 보잘 것 없다면 차라리 감아버리는 게 낫다고 할 수도 있지 않을까. 그러면서도 미련이 남는 것은 너무도 복잡 미묘 모순 착종된 성장사라서가 아닐까. 지금도 국민학교 입학식 때 기미가요(일본 국가)를 음정·박자 개념 없이 열창하던 기억이 생생하다. 물론 지금과 같이 영상은 없어 다행이지만, 학교에서 조선말 하면 퇴학당한다는 으름장을 놓던 시절이었으니 그럴 만도 했다. 그때 노래는 지금 생각으로 모두 군가였다. 무슨 뜻인지도 모르고 형들을 지껄여댔다.

"갓데 구루소또 이사마시꾸 지갓데 구니오 데데가라와(이기고 돌아오마 큰소리로 맹세하고 떠나온 고향 산천) 데까라 다

데스니 시나료까(무공도 못이루고 죽을소냐), 또 아아 아노가 오데 아노고에데(아 저 얼굴로 저 목소리로) 데까(가)라다노무 또 쓰마야꼬가(승전을 갈망하는 아내와 애들)", 다들 우렁차게 천황폐하에게 충성을 다짐했다.

3학년 여름에 일본은 패망했다. 갑자기 "어둡고 괴로워라 밤도 길더니 삼천리 이 강산에 독립이 왔네", 또 "백두산 뻗어내려 반도 삼천리 무궁화 이 동산에 해방이 왔네"가 군가를 대신해서 고창되었다. 집안에 널려 있는 독립운동사, 독립혈루사, 독립혈사는 어린 마음 속 깊이 눈물을 자아내고 있었다. 특히 주재소 방화사건은 큰 자랑이었지만 두렁바위(제암리) 방화살인사건은 일제 만행에 치를 떨게 했다. 절대 해방, 절대 독립이요 절대 복수, 절대 작살이었다.

그러나 다수 농민의 궁핍은 여전했다. 민족청년단이 탄생했다. 희망이 보였다. '우리는 한 줄기 단군의 피다, 죽어도 또 죽어도 겨레요 나라, 내뻗치는 정성 앞에 거칠 것 없다, 내 뻗치는 정성 앞에 거칠 것 없다.' 청년단은 처음 분단을 반대했다가 선거가 치러지니 '오늘은 정부 수립 내일은 남북 통일' 구호를 바꿔가며 용트림을 했다. 동란이 일어나고 200만 넘게 희생당했다.

휴전이 되니 대입이 코앞으로 다가왔다. 진로를 어디로 잡아야 하나. 다들 법대 법대 했다. 출셋길이었다. 출셋길이 없어 나라가 망했으며, 분단이 되었으며 전쟁이 터졌는가. 또 고향 마을 화수리·제암리에 뿌려진 선열들의 피값을 어디서 받아내랴. 고뇌하지 않을 수 없었다. 국민의 정신 무장이 중요하다 생각했다. 철학과 사화학이었다. 집에도 민주주의원론, 철학 강화, 민족과 청년 등이 허다하여 막연하게나마 어린 가슴을 설레게 한 기억이 되살아나고 있었다.

이범석 장군이 서해안 상륙을 시도하면서 실패해 내 나라의 고기밥이 되더라도 여한이 없겠다고 토설했다며, 필리핀 독립신의 절명시 '먼 훗날 비목도 없는 무덤이 파헤쳐져 나의 흔적이 산천에 뿌려져도 오오 나의 나라여 그대 나를 잊어도 슬프지 않으리'와 무엇이 다르랴 감동하는 글은 나의 진로를 가로막고 나섰다. 그러나 르네상스 앞에서 우연히 만난 법대 1년생 친구가 법대에 들어와서도 다 할 수 있다고 권하는 바람에 마음을 굳히게 되었다.

그러나 법대에 들어오니 모두 고시 준비생이었다. 고시학원이었다. 이승만 독재에 가려진 평화 통일과 민생고는 어쩐란 말인가. 나는 몇몇 뜻있는 학우들과 격문을 써 붙여 이건 아니라 했다. '진리 탐구의 불타는 이상을 품고 대학의 문을 두드렸으나 샛별 같은 눈동자가 그리던 꿈은 어디로 흘렀는지 금의환향의 시대착오적 망상만이 넘쳐나는가.' 전혀 예상하지 못했는데 선배들이 먼저 호응하고 나섰다.

평화 통일이요 사회민주주의였다. 민주적·평화적 방식에 의한 사회주의였다. 영국노동당 산파역 훼비안협회였다. 진리는 결코 외롭지 않았다. 우리는 헌책방을 누비며 불온서적을 찾고 다녔다. 우리의 토론은 문리대로 넘어갔고 고대로 번졌다. 촛불을 켜 놓고 강의실에서 열을 올린 훼비안들은 헌책방을 누비며 불온서적을 뒤졌다. 으슥한 곳으로 외부 인사를 초청하여 스릴 있는 강연을 즐기고 나서는 비가 주룩주룩 새는 대폿집 한 귀퉁이에 앉아 하염없이 파토스에 젖기도 했다.

겨울방학에는 야학을 열어 일꾼 대학생을 격려하고, 여름방학에는 일에 지친 젊은이들을 연극 공연으로 묶어 세웠다. 부두 노동자를 중간 착취하는 십장什長제를 파헤치기 위하여 비로 질척거리는 인천 만석동을 훑고 다닐 때에는 영화 '워터 프런트'의 말론 브란도를 자처하기도 했다. 어느 틈에 법학에 대한 흥미의 너울마저 제막되고 있었다. 〈사상계〉는 계속 우리의 벗이었고, 호국단은 우리와 대척점에 있었다.

강의 시간에 교수들에게 이승만 독재를 어찌 생각하느냐 따졌고, 평화 통일 진보당을 비난하는 교수에게 집어치웁시다 소리치기도 했다. 그러나 어느 듯 졸업이었다. 하 많은 가능성들이 출세를 하늘 높이 끌어올리기 위하여 연소하고 있는 과거와 현재가 불쌍하고 안타깝기만 했다. 내게 돌아 올 가산을 미리 정리하여 연구소를 차려놓고 지구전으로 나갈 결심도 해 보았으나 저무는 대학가에서 낙오자가 되기 싫은 현실이 무서운 현실이 되어 추군거렸다.

패자가 되어 승자에 저항하기보다 승자가 되어 승자에 반역

하는 것이 더 효과적일 것이라는 동류이격이 서서히 고개를 들고 나왔다. 그래도 대학의 흔적은 남겨야겠기에 졸업 논문 「법과 정의-이기론적 고찰」이라는 거창한 제목의 법철학 논문을 내놓고 고급공무원 양성소라는 행정대학원에 들어간다. 세상은 딴판이었다. 미국인 교수가 4~5명 있었고, 한국인 교수들이 그 잎에서 쩔쩔매고 있었다.

미제 운운하던 내겐 거북살스럽기 그지없는 분위기인 데다 미국 유학에서 갓 돌아 온 교수들이 엮어 내는 실증주의적 방법론은 추상론에 길들여진 나를 매우 곤혹스럽게 만들었다. 사실 확인Fact Finding이니 과학적 조사Social Research니 하는 것들이 사화 현상을 계량화하면서 추상적 논리나 그 가치를 배제하려 들었고, 사실의 정도나 수준까지도 숫자적으로 표현되지 않으면 그 논리의 타당성을 잃게 되어 있었다.

'아세아적 생산 양식'을 둘리 싼 백남운, 김남식, 이북만 제씨의 논쟁도 위트 포겔Witforgel의 동방 전제Oriental Despotism로 요해되었고, 계급도 계층Strata으로, 계급 투쟁은 압력단체Pressure Group 활동으로, 계급의식은 열등의식으로 밀려났다. 사회변동론, 그 수직운동과 수평운동, 변경론peripheral, 사화공학, 정치공학, 두뇌공학, 과학적 관리, 경영전략, 긴장관리, 인간관계(H.R), 공공관계(P.R) 등.

나는 어느새 네온사인 휘황한 동경 거리를 어슬렁거리는 이상李箱이 되어 갔고, 그러면서도 한편으로는 아직도 인간의 구원한 가치 창조와 역사의 면연한 진보가 탈색되는 현장을 거부하기에 안간힘을 썼다. 아무리 조심해도 학교에서 나는 이단자였고, 선배들로부터는 전향이라는 공격과 함께 '미국무성 정책'에 얼었다는 핀잔을 받기에 족했다. 그래도 졸업 논문은 '지세행정 소고'였다. 내자 동원에 의한 농촌 부흥이었다.

이 때만 해도 외자는 자립경제 차원에서 많은 전문가들이 경원시했다. 나는 외쳤다. '요컨대 정책의 빈곤은 지성의 빈곤을 의미하지 않는다. 경제발전기구를 창설하고 정권을 누가 잡던 정부는 그 실행의 총본산이 되어야 한다. 정치 의회를 경제 의회로 대체하는 것도 한 방법이다. 문제는 문제를 파악하는 데 있지 그 해답을 구하는데 있지 않다. 농촌에서 공장에서 빵을 달라고 아우성치는 인민의 소리를 귓전에 흘리며 허울 좋은 자유를 내 놓는 이들을 어디로 보낼 것인가'.

정부에 들어가 제1차 5개년계획 수립에 참여하니, 당시 미국 국무성 싱크탱크인 랜드 코의 울프 박사는 국내저축률 3% 미만인데 5개년 연평균 5.3%의 성장률은 지나치게 의욕적 challengable이라 했다. 그러나 군인이 정권을 잡으니 대번 성장률이 7.1%로 뛰었고, 이미 당시 국방대학원의 5개년 계획안은 7.8%를 넘고 있었다. 그 후 외자는 다다익선이었고, 도입 단가는 현지 시세의 2~3배라는 유엔보고서가 나와 있을 정도로 정경유착 부정부패 재벌 육성의 원천이었다.

내 논문의 심사를 맡았던 위원들은 내 논문 제목에 따라 조세이론을 캐물었으나 정부 3대 국장 중 첫째라는 재무부 예산 국장 이한빈 박사는 로스토의 성장단계설을 물어보는 게 아닌 가. 당시 '반공산당 선언'으로 갓 소개되었던 터라 나는 오히 려 예산국장이 그 내용을 알고 있는데 적이 놀라 신바람이 났 다. 거기다가 5단계 설은 리스트의 3단계 설의 변형이며, 마 르크스의 발전 단계설에 비하면 어딘가 설득력이 없고 견강부 회가 많다는 건방까지 떨었다.

예산국장은 나를 재무부로 이끌었고 자기가 맡고 있는 대학 원 강의를 내게 할애하면서까지 난익을 베풀며, 10년 후에는 끝내 나를 프린스턴대 장학생으로 추천했다. 2차 5개년계획 이 끝날 무렵이었다. 나는 자립경제의 신념을 버리지 않고 「유 교와 근대화」라는 논문을 완성한다. 자립경제만이 민족을 보 위하고 통일의 초석을 깔 수 있다는 주장이었다. 유학 중에 소 위 유신이 있이 나의 의욕을 고취했고, 돌아와 국징으로 승진 된 후 10·26이 있었다.

그만 두어야 한다는 생각으로 주위의 불온서적을 정리했다. 신군부가 들어선 간부 대책회의에서 다들 쥐죽은 듯 고요한데 나만이 학생 데모를 막기 위해선 그들의 요구를 들어주는 길 밖에 없다고 침통하게 소리쳤다. '금의환향의 시대착오적 망 상에서 깨어나자'고 고고의 성을 울린 이래 고관을 쫓겨난 나 는 얼마나 변절·탈락·몰락이었나. 못할 사람이 출세를 했으니 무슨 여한이 있겠냐마는 그래도 모두 개수작들이라고 발버둥

치고 싶었다.

'7월의 대학살'을 모면한 동료들과 위로주를 나누는 자리에서 좌중이 "너무 바른 말을 잘했다는 이거야", "너무 비판적이었다는 거야", "반체제적이었다는 거야"로 걱정 겸 경계를 펴는데, 내 "영광이지 뭐"로 주저 없이 나오니 "저 새끼 봐라" 놀라며 한심스러워 했지만, "그게 내 소신이었고 내 직성이다" "돈 먹었다, 무능하다보다 얼마나 떳떳하고 당당하냐"로 버티며 객기로 몰지 말라고 나무랬다.

그러면 공무원은 왜 했느냐지만, 공무원이라고 해서 추종만 한다면 보잘 것 없는 출세로밖에 더 되는가 쏴 부쳤다. 무수한 시녀들이 어디 역사에 한 줄 남은 일이라도 일을 했는가 하고 곧 고사할 영화를 부러워하고 말았다. 그러나 큰 소리와는 달리 달포가 지나면서 회한이 저미는 아픔을 이겨내기란 쉽지가 않았다. 계속 '오죽 잘났으면'이 됐다가 '오죽 못났으면'이 되고, 다시 오죽 못났으면으로 빙빙 돈다.

몇 바퀴 돌고나니 그 얘기가 그 말이었다. 그러면서도 머리보다는 정신을 내세우는 쪽으로 생각이 모이면서 족보와 비명을 화려하게 장식하는 요령보다는 앞이 쓰러지면 뒤쫓아 기어가는 무수한 결기가 역사의 숨결을 박동시키고 있다는 대오에 이르러 회한은 정지되고 무명을 밟는다. 곧 광주를 찾기로 했다.

운동권으로부터 광주의 잔학상을 얻어 듣고 조심스럽게 몇몇 직장 동료들과 오찬을 갖는 자리에서 그들의 첫 반응은 곧

"그 새끼들 원래 쎄지 않아"였다.

지역 감정이란 이렇게 완전 이성을 마비시키고 있었다. 광주
행 버스에서 최규하 대통령 하야 성명을 듣는다. 광주에서 어
렵게 만난 옛 친구는 입을 열지 않았다. 너무 끔찍했다. 온통
아비규환이었다. 친구들 다 죽는데 집에만 있으라느냐며 어미
와 자식이 서로 붙들고 울부짖었다. 옥상에 기관총을 걸어놓
고 일제 사격을 했다고도 했다. 겨우 겨우 얻어들은 참상이었
다. 그러나 무등산 입구에 여관 종업원은 말이 하고 싶어 죽어
했다. 심부름이 없는 데도 자꾸 서울 손님방으로 들어왔다. 친
구의 차분한 설명과 달리 차라리 붙들고 통곡하는 것이 그의
바람이었다. 처절한 신바람이었다.

'파도소리, 저 절벽을 물어 뜯는 저 놈의 파도소리' 뭣 같
지도 않은 벼슬을 잃고 이효석의 '황제'가 되었던 나는 무등산에
서 휘몰아쳐 내려오는 석풍石風에 맥없이 무릎을 꿇었다. 하염
없는 부끄러움에 아픔조차 시원하게 잊혀져 갔다.

석풍

초연

피비릿내

설마하다 진

부릅뜬 주검

이럴 수 있느냐고

형아 아우야

울부짖고 달려든

겹겹의 성깔

모주 먹은 들개의

미친 이빨의

경향도 아저새끼

악마구리 對鍊

아! 지금은 펄럭이는

을씨년의 거리

박해의 땅

유배의 땅

상기 지지 않는

龍華의 꿈

하늘만이

정녕 하늘만이

피 밭을 일구는가

장한 어둠에 이는

開闢

내 고향은 라도로

깃발이 오를 때까지

　나는 할 말을 잃은 죄인이었다. 십 년은 걸릴 거라고, 아니 이십 년은 걸릴지도 모른다고 애써 태연한 친구의 입술이 독한 빼갈에 훨훨 타고 있었다. 이때처럼 그 역겹기만 했던 전라도 말씨가 약아빠진 서울내기의 귀속을 후비며 역사의 넝쿨을 한 아름 몰고 들어와 진설하는 푸짐한 사랑을 느껴본 적이 없었다. 이때처럼 모두가 죽어 있는 전장을 털고 일어나 달뜬 숨을 몰아가며 나그네를 붙잡고 믿거라 참혹한 울분을 목메어하던 운전수 종업원에게서 겁없는 인간의 한기를 느낀 적이 없었다. 나는 그 날이 와 봤자 보잘 것 없는 괴로움을 더할 뿐이면서도, 이미 스크럼을 짜고 훤한 빛으로 불나비같이 달려들고 있었다.

　선배가 일러준 '실직 요령'을 다 지키지는 못해도 하루 세 시간 독서는 그래도 끈질겼다. 민족사란 우려먹는 한줌배기 지배층이 아니라 우려 먹힌 다수가 어떻게 억울한 소굴에서 벗어나는 과정이라는 책을 들고, 또 프랑스 혁명사와 러시아 혁명사로 의기를 앙양하다 보면 아내는 '아직도 할 말이 남아 있느냐'며 정신을 차리라지만, 정말 생활도 안 되는 일에 골몰하는 나는 차라리 불쌍하다는 편이 옳을 것이었다. 그러나 아직 자유와 인권이 분명치 않으면서도 평등까지를 열망하는 민중의 수군거림이 고함으로 터져 나올 차례니 어찌 무관심하랴.

자유·평등·통일 혁명이 한꺼번에 폭발할 시점이 다가오는데 이 전체적인 복합성과 맥락을 제대로 보지 못하고 무엇인가를 해결하려고 덤비는 자들이 답답하기만 할 뿐이다. 그러나 이기영의 '인간수업'에서 주인공 현호가 입원을 하고 마는 시절에 비하면 우리는 얼마나 까맣게 달려와 있는가. 그래서 우리는 또 얼마나 벌겋게 광주에서 달아올랐는가. 토큰(뻐스) 인생으로 전락한 처지를 억울해하거나 연작이 어찌 홍곡의 뜻을 알랴 오만해서도 안 되고, '서민의 편에 섰지만 서민이 될 수는 없는 노릇이었다'고 실토한 토크빌과 같이 프랑스 혁명 당시의 지식인 양심 선언에 귀기우릴 일도 아니었다.

2. 한국 근대화의 고양

가. 萬卷樓

1) 으뜸소

형은 갑지기 머리를 감쌌던 손을 풀며 자기가 왜 이름을 으뜸소로 바꾸었는지 아느냐고 반문했다. 형이 『사서삼경』을 마친 것을 아는 나는 떨떠름한 채 얼핏 『근사록近思錄』에 무엇이 나왔는가 하는 생각이 들었다. 할아버지는 책을 보는데 한도가 있는 건 아니지만 공자님을 잘 알려면 거기까지는 가야 한다고 하셔서 언젠가 형과 함께 몰래 벽장에 올라가 그 궁금증을 풀려고 한 일도 있었다. 보꾹까지 꽉 들어찬 책들을 마주하며 우리는 기가 질려 엄두를 못 냈다.

벽장을 만권루라 하시며 함부로 오르지 못하게 하시는 할아버지한테 들킬까 봐 얼른 내려와야 했다. 학교에 가지 않고 줄 곧 한문을 배웠던 형은 나중에 그 만 권의 책을 깡그리 보살피게 되었는데, 어느 날 형은 한문도 아닌 요상한 글체로 쓴 책을 만나게 되었다. 열 살이 다 되어 해방을 맞은 우리는 바로 언문을 배웠다. 조선말을 하다가는 퇴학을 당하던 시절이었으니 더 그랬을 것이었다. 처음에는 가 갸 거 겨 하다가 조금 있으니 ㄱ ㄴ ㅏ ㅑ ㅓ ㅕ로 가르쳤다.

형이 본 것은 바로 그런 ㄱ ㄴ 같은 글씬데 전혀 딴 판이었다. 형의 호기심은 탐구심으로 바뀌었고, 나중에는 학교에 안 간 오기까지 겹쳐 송곳으로 이마를 찍으며 파고들었다. 형의 각고한刻苦恨이 고서 더미가 되어 금방이라도 벽장문을 헐고 우르르 무너져 내리는 환영이 나를 덮쳤다. 그도 그럴 것이 형은 5대 종손이었다. 종가를 지켜야 하고, 종가의 가업을 이어야 한다는 할아버지 말씀은 어려서부터 귀를 뜨게 했다.

왜놈 학교 안 보내겠다는 할아버지의 고집을 받들고자 형은 학교 보내라고 잡으러 다녀도 도망만 다녔다. 그래도 지차들은 다 학교를 다녔고 힘이 닿는 대로 상급학교에 진학했지만, 형은 해방이 되어도 스스로 학교에 다니려하지 않았다. 형은 어른들 말씀을 한 번도 거스른 적이 없었으니, 아마도 할아버지 아버지 뜻이 그러려니 해서였을 것이었다. 구두는 신었지만 양복을 입지는 않았고 사시사철 중이적삼이요 바지저고리였다.

몇몇 남지도 않은 동네 청년들과 어울려 농사를 지으며 늙어서는 젊은이들이 빠져나간 농촌을 지켰다. 형은 제사 때나 절사 때 나를 만나면 늘 얼굴 가득 웃음을 실어 반가움을 들어내곤 했다. 도시 생활에 대한 동경은 고사하고 오히려 땅 파먹고 사는 사람들의 진眞생명을 끌어안으려 애썼다. 라디오가 들어오고 텔레비전까지 활활한 지금 형은 파삭한 주름을 깊게 접어내리며 슬어져가는 농촌의 뒷모습을 씁쓸히 바라볼 뿐이었다.

그런 형이 내색 한 번 안하고 그 많은 책을 다 더듬은 것도 이해하기 어렵지만, 거기에서 기서奇書 한 권을 마주하고 고심고심 끝에 이를 완전 독파했다니, 그 내용이 어떻든지 간에 실로 경이롭고 아연하고 자랑스러웠다. 부러웠고 부끄러웠고 시새웠다. 명문고와 명문대 그리고 두 번씩이나 해외 유학을 다녀와 여러 군데 기관장을 지내고, 지금까지 유복하게 잘 나가고 있다는 나에게 갑자기 초라함이 옥죄어 왔다.

형이 해독한 책은 가림토로 쓴 우리나라 역사였다. 연전에 최태영 박사의 『단군을 찾아서』를 읽다가 고古 한글 가림토가 있다는 사실을 알았지만, 그 글로 쓴 책이 있다니 놀라운 일이었다. 정음은 누군가가 불교 경전 보급을 위해 발전시킨 이두문자를 참고했을 것이라고 쓴 글을 보았기에 한글 창제 세종실록이 다소 과장되었을 것이라는 생각은 했었다. 최 박사가 가림토를 한글 원본이라 단언했어도 성삼문이 여러 차례 방문한 요동의 황찬은 음운학자였지 고서가가 아니였기에 다소 의

아해 했었다.

그러다가 다시 생육신 김시습의 『징심록추기澄心錄追記』를 접하게 되었는데, 거기에서도 훈민정음 28자는 『징심록澄心錄』에서 취했으며, 세종 생전에 이를 보존하고 있던 박씨 종가를 크게 우대했다는 사실까지 언급되고 있으니, 단군성전이 있던 구월산 어귀에 자란 최 박사의 남다른 고대사 관심이 퍽 존경스러웠다. 나는 형이 어떻게 가림토를 해독하게 되었는지를 묻지는 않았다. 다만 형은 다양한 글씨로 쓴 책이 여럿 있었다고 했다.

형의 설명으로 가림토의 가림은 그림이며 또 글씨라는 뜻도 된다. 토는 전하기 위하여 흙에다 썼기에 이름 한 것이고, 땅(따)이기에 가림다加臨多라고도 하였으니 엄밀히 말하면 그림으로 엮은 책이다. 만권루는 한자漢字 책이 거의 다지만 가림다가 섞여 있는 내력은 한씨 문중과 무관하지 않을 듯했다. 한가韓家는 모두 기자箕子의 자손으로 알고 있고, 지금쯤 이 족보대로라면 기자의 120여 세 손 시대라니 그 핏줄을 타고 3000여 년간 내려온 전적이 적지 않았을 것이며, 형이 이 잡듯이 보았다는 만권루도 그 중의 하나였다.

전적은 경서를 빼 놓고는 거의가 천문·지리·농서였고, 그리고 몇 권의 사서史書였다. 형의 가림토 해설이 이어졌다. 예부터 한韓족은 스스로를 한겨리(겨레)라 했다. 함께 밭을 가는 사이란 뜻이다. 약 만 년 전 사람들은 높은 지붕마루(西域)에 있었다. 홍수 때문에 거기까지 올라온 것이다. 한족의 벼농사는 세계 최고世界最古 소로리 볍씨의 발견으로 15000년을 거슬러 올라갔으니 이미 5000년의 벼농사를 익힌 한족이었다.

인류는 서역에서 씨를 넣고 생구를 쳤으며, 더러는 사냥을 했고 더러는 고기를 건졌다. 그 때는 한겨레를 넝이라 했다. 씨를 넣어 먹고 사니까. 칭하고 냥하고 경하는 사람들과 구별되었다. 넝은 농사이기에 농사를 주관하는 하늘을 섬겼다. 물이 확실히 빠지자 각각 흙물을 따라 또는 풀밭을 보고 또는 숲 속으로 또는 늪으로 퍼져 내려갔다. 농사·유목·수렵 채취였다. 7000년 전이었다. 한겨레는 1000년 동안 하늘 제사를 지내며 흙(흘)이 많이 흘러 쌓인 들판(지금 섬서성 용문)까지 내려와 농사를 지었다.

서녘으로 흐르던 물이 북녘으로 치솟아 오르다 다시 남녘으로 돌아 나와 또 서녘으로 내달리는 구비었다. 힌거레는 기중 높은 터(덩)에 나무를 세워 하늘로 솟아나게 하고는 이를 솟대라 했다. 조금이라도 하늘에 가까이 닿아보려고 했으나 턱이 없었다. 맨 꼭대기에 새를 만들어 앉혔다. 새가 겨레의 소망을 물고 하늘로 날아갈 것만 같았다.

사람은 덩(위터 또는 우데)으로 모여들어 노래를 부르고 춤을 추며 하늘을 즐겁게 해드렸다. 마을마다 솟대를 세우고 덩꾸리(덩을 꾸미는 사람 또는 덩에서 무꾸리하는 사람)들이 축제를 이끌었다. 처음 우데에 세운 솟대를 으뜸소라 했고, 마을

마다 세운 솟대는 버금소라 했다. 한겨레하면 이제 솟대마을에 사는 사람이 되었다. 한겨레는 그림으로 농사를 기록하기 시작했다. 해(日) 달(月)이었다. 해와 달로 읽었다.

하늘은 一, 그 밑에 있는 들은 二라 했다. 읽기는 하늘 들로 하다가 하나 둘이 되었다. 씨앗은 틔워내 세워야 하기 때문에 ㅣ로, 넣다는 들이는 모양 入로 하고 시앗 니엇으로 읽다가 셋 넷이 되었다. 김매고 북돋는 것은 다 세우기 위함이니 ㅣㅣㅣ로 하고 다세우리로 했다. 나중에 이들 하나 들 시엇 니엇 다세웃이 농사의 기본이 됨으로 물건을 셀 때도 그 기본을 살렸다. 5진법이었다.

뒤에 여수르고(살피고) 닐구고(일구고) 여들하게(솜씨있게) 아홀어서(넓혀서) 크게 하자(열고 여세)며 흙(농사 땅)을 넓혀 나갔다. 그림 글자를 개발해서 흙에다 쓰고 또 오래 보관하기 위하여 이를 굽기도 했다. 굽다가 터진 금이 글자를 자르기도 하고 가르기도 해서 점차 점치는 방법으로 활용했다. 여러 사람에게 알리려면 그림을 말(소리)로 설명해야 했기에 다음으로 소리 적는 법(글)을 개발하니 바로 이 또한 가림이었다.

적는 방법으로는 가림이 더 편해서 많이 퍼졌다. 다시 말을 가림(그림)으로 쓰니 말이 점점 늘어나고 그림도 늘어났다. 그림은 그림대로 압축성이 높아 보관·전달이 편했다. 그림 자체가 글자로 바뀌니 뜻글자가 되었다. 뜻글은 하늘에 복을 빌고 풍작을 기원하고 약 다리는 법을 넘어 점차 솟대로 달렸다. 이제 으뜸소는 으뜸(早)과 솟아오름(卓)이 합쳐 韓이 되었다. 한 겨레글자(韓字)의 탄생이었다. 韓은 차츰 높다 크다는 '한소'로, 또 다시 그냥 '한'으로 읽혔다.

韓으로 모아졌던 우리말을 다시 풀어쓴 셈이다. 여기까지 얘기한 형은 그러나 잠시 무엇인가 허전하고 서운한 기색이 역력했다. 한문을 배운 우리에게 중국은 대국이었고 거의 하늘이었다. 그런데 특히 한학을 전공한 형이었으니 그 한자가 우리나라 글자였다는 것이 어스름하게 판명되는 순간 어떠했을까 짐작이 갔다.

중국인이 양자강 늪지대를 따라 남방으로 내려간 경(채취) 족이었다니 온몸의 기가 전부 내려앉는 듯 황당한 기분이 들더라고 했다. 언젠가 형과 함께 할아버지께 『주역』(사실은 상서)을 배울 때 "용마부도출우하龍馬負圖出于河"라 해서 황하에서 용마기 등에 그림을 지고 니타니 복희씨가 그 그림(河圖)을 기초로 팔괘八卦를 만들었다고 했는데, 오히려 우리 겨레가 황하의 중심을 차지했다고 하니 믿겨질 리가 없었다.

나야 『환단고기桓檀古記』니 『규원사화揆園史話』니 하는 고대 사서의 내용을 어느 정도 알고 있었기에 형의 사설이 허황되지만은 않았다. 그러나 대국 역사의 말미에 동방에 신인神人이 있어 태백산 단목 아래로 내려와 나라를 세우고 국호를 조선이라 했다는 『동몽선습童蒙先習』이 우리들 고대사의 출발이었던 점을 감안하면 실로 놀라운 일이었다.

2) 하나님과 사서삼경

대학을 나와 살림을 차리고 나서야 나는 형과 이런 저런 얘기를 나눌 만큼 철이 들어 있었는데, 주로 자정이 다 되어 들이는 할아버지 제삿날에는 조금 긴 시간을 두런두런 함께 보냈다. 나는 할아버지 제사는 비가 오나 눈이 오나 꼭 참례하였는데, 대여섯 살 때부터 할아버지한테 한문을 배웠고, 초등학교 내내 그리고 중학 때도 방학 때마다 어김없이 내려왔으니 스승으로 모시는 마음가짐이 더 간절했었다.

오늘은 제사도 아닌데 일부러 시간을 내서 형을 만나기로 한 것이었다. 형과 함께 사랑방으로 들어섰지만, 형은 내가 무슨 얘기를 꺼내는지 자못 궁금한 듯 어서 말해 보라는 눈치였다. 나는 약간 뜸을 들이고 있었다. 사랑방은 오래되어 낡았어도 훈훈했다. 소도 없어졌으니 군불을 땠을 것이었다. 할아버지가 늘 옆에 끌어안고 계시던 서함은 옷칠이 좀 벗어지기는 했으나 오히려 오동무늬가 선연했다.

백자가 무엇인지도 모르고 그저 사금파리로만 알았던 당초무늬 연적은 거의 창이 난 벼루와 함께 퍽 고풍스러웠고, 족제비털에 부레풀을 발라 만든 붓 몇 자루는 서수書數와 함께 대나무 필통에 꽂힌 채 처연한 구석을 지키고 있었다. 갑자기 『천기대요天機大要』, 『만산도萬山圖』, 『방약합편方藥合編』 등 고서를 꺼내보시던 할아버지 모습이 떠올랐다. 특히 주사위를 던져 강講이나 훈訓을 골라 외울 때 중간이 막혀 야단맞던 일이었다.

조무래기 서동들을 때리다 도리어 종아리를 걷어 올리게 된 사연도 아스라했다. 선생님만 없으면 우리가 왕초였다. 방귀를 손에 담아 아희들에게 억지로 냄새를 맡게 하는 등 짓궂게 놀았었다. 70이 다 된 그들의 얼굴이 어른거렸다. 나는 뜸도 이만하면 됐다 싶어 바로 절사와 제사에 관한 의논에 들어갔다. 몇 년 전부터 내가 예수를 믿는다고 했을 때만 해도 퍽 언짢아하던 형은 그 후로도 내가 달라진 게 별로 없어 보이니 그렁저렁 넘어가고 있었다.

형은 자네만 안 지내면 되는데 왜 그 얘기를 꺼내느냐고 지레짐작으로 단호하게 맞섰다. 사실 나는 가톨릭에서는 제사를 허용한다고도 하고, 또 기독교에서도 기일이나 생일에 산소를 찾고 있으니 제사를 반대할 생각은 없었다. 히고 싶은 얘기는 기제사를 따로 지내지 말고 조상의 날로 정해 함께 지내자는 것, 제수를 따로 준비하지 말고 가족들이 평상 음식을 차려놓고 먹기 전에 간단한 기도나 기도문을 만들어 읽자는 것, 제사를 자정에 지내지 말고 세 끼 식사 중 편한 대로 하나를 택하자는 등이었다.

어릴 때부터 『천자문千字文』에서 천지우주天地宇宙를 가르치고, 『동몽선습童蒙先習』에서는 그 만물 중에 사람이 제일 귀하다, 오륜五倫은 하늘의 법전이요 사람이 타고난 성품이

라. 또 『명심보감明心寶鑑』에서는 착한 일을 한 자에게 하늘이 복을, 악한 일을 한 자에게는 화를 내린다고 했다. 사실 말은 안 했지만 만물을 지으신 하느님이 계시고 그 가장 귀한 자리에 사람을 두시어 만물을 다스리게 하셨으니, 부모 조상님도 중하지만 더 중한 이는 하느님이라 하느님을 받들라고 한 턱이다.

나는 형과 같이 읽은 책들을 거론한 것이다. 형이 들으면 기독교의 하느님을 이해할 수 있으리라 해서였다. 그 외에도 형과는 『통감東國通鑑』 계몽편啓蒙篇, 『동몽수지童蒙須知』 훈몽일조訓蒙一助와 『격몽요결擊蒙要訣』, 『소학小學』, 『대학大學』, 『효경孝經』, 『중용中庸』까지 같이 배웠고, 그 후에도 형은 『맹자孟子』, 『논어論語』, 『시전詩傳』, 『서전書傳』, 『주역周易』까지 갔으니 하느님을 알려 했으면 어디서나 나타나실 것이었다. 그러나 형이 경학상 천명天命, 천성天性, 천도天道의 하늘은 각 원리의 궁극 원천으로 숭상의 대상이지 숭배의 대상은 아니라면 어떡하나 했다.

물론 할 말은 있었다. 제왕들이 천자라고 해서 하느님 행세를 했기 때문에 하느님이 가려졌다고. 사실 나 자신은 고민이 많았었다. 해방 후 시골까지 들어온 과학이 웬만한 풍습은 죄다 미신으로 몰아냈다. 굿푸닥거리, 대감항아리, 집주저리, 성주풀이, 부엌조앙, 마구우양, 신장막대 그리고 여러 비방 부적도 살아졌다. 삼(핏발 눈)을 고치려고 벽마다 그려놨던 얼굴

(눈에 송곳을 꽂았다)도 하루거리를 뗀다며 누운 몸 위로 소가 지나가게 하는 모습도 볼 수 없게 되었다.

절간에 들어가 법당 안을 들여다보기도 무서웠다. 교회란 또 무엇인가, 미신 아니던가. 철들고 나서는 서양 세력이 예수를 앞세우고 다녔다 해서 더 싫어했다. 그러다가 민주화 열풍이 불었다. 억울한 사람이 자꾸 늘어나는 시절이었다. 가슴 아파한 많은 기독교인들이 목숨을 걸었다. 나는 신앙을 다시 생각하기 시작했다. 만리장성에 끌려나온 신랑을 찾아 나선 새댁이 감독관의 수청을 거부하고 강물에 투신하여 황제 타도를 외치는 수많은 물고기로 환생하는 장면이었다.

나는 환갑이 넘은 나이에 교회 문을 두드린 것이다. 소원을 이루게 되는 것을 복이라 한다면 누구나 복 받기를 좋아하며, 누가 복을 준다면 모두 그 사람을 따르게 될 것이나 누가 그럴 힘이 있느냐고 아니 아무도 없다. 조상님이디, 팔자다 이렇게 나갈 수도 있고, 하느님·부처님·예수님·성주대감·성황당·무당 이렇게 고를 수도 있다. 그런데 바란다고 빈다고 다 복을 얻을 수 있다면 서운한 사람이 어디 있겠는가.

그래서 덕을 쌓아야 한다, 착한 일을 해야 한다고 한다. 착한 일이란 무엇인가. 돌봐줘야 한다, 베풀어야 한다. 다만 하느님과 만물을 따로 본 것이 이제까지 우릴 흐리게 한 건 아닐까. 특히 경학經學에서는 하늘을 태양·땅은 태음이라 해서 우주만물 운행 원리의 원천으로만 가르치고, 하늘을 인격이나 의사

주체로 인식시키지 않음으로서 백성에 군림하는 왕이나 황제 또는 천자天子의 권위를 지키려했던 것 아니었나.

하늘 제사도 왕이나 왕을 대신한 신료들이 주관하게 함으로서 일반 백성의 접근을 막았다고 봐야 한다. 그래도 집집이 믿는 구석이 따로 있어 다양한 신앙물을 만들고, 심지어 중국에서는 공자까지 가신家神으로 모시면서 자연스럽게 군주와 내통하게 만들지 않았는가. 이는 신이나 사후를 모른다고 천명한 공자의 입장과도 크게 어긋나는 것이었다. 유교가 선행(仁)을 강조하고 간간히 하늘이 상벌을 내린다고 얼러가며 3000여 년 간 인간을 교화한 공로는 부정할 수 없다.

그러나 하늘 대신 왕을 신격화함으로서 백성으로 하여금 그만큼의 복종과 인내를 강요한 점을 부인할 수 없을 것이다. 이제 하느님을 가리고 있던 장막을 걷어내고 백성들이 바로 하느님과 대화를 나누도록 하면 어진 세상을 앞당길 수 있지 않은가. 그러나 형은 유교 3000과 종교 3000을 비교하자고 했다. 주대周代의 교육 담당자들이 유교의 원류라고 할 정도로 유교는 교육을 통한 윤리 도덕의 확산을 지향하기 때문에 종교 없이도 큰 몫을 해냈다고 할 수 있다.

3) 아사달까지 3000년

산수가림다의 한겨레는 다시 황하를 따라 1000년간 산동성까지 내려오며 번성했다. 이 때 한겨레는 박달족이 되어 있었다. 밝은 달 사람이었다. 쳐다보기 어려운 해보다 감싸주는 듯한 달을 좋아했다. 솟대에 보름달이 뜨면 무리를 이루어 춤과 노래를 불렀다. 당꾸리(덩꾸리)들이 춤과 노래와 제구와 악기를 개발했다. 젖무덤에 꼭지 둘을 그려 맘마자(母) 고무래 둘을 세워 빠빠 자(父)가 되었고 부모를 받드는 님도 생겼다. 이제는 하늘도 하늘님이라 했다.

당꾸리 가운데 복 잘 치는 복치님 넝이 잘 아는 넝이님 수르 (술) 잘 다리는 수르님도 나왔다. 나중에 생겨난 씨자를 부쳐 복치씨 넝수르씨하다가 그림글씨가 많이 생긴 뒤에는 복희伏 羲씨 신농神農씨가 되었다. 인총이 늘어나 흙(농지)을 넓혀야 했기에 물줄기를 잘 다루는 사람도 이름을 날렸다. 둑을 싸 이부자리같이 흙을 가른 당꾸리 요堯도 나오고, 꽃 순이 긴 나무를 심어 홍수와 기뭄을 막아낸 순舜도 나왔다. 이름 난 땅꾸리들의 전설도 많이 나돌았다.

지붕을 내려와 1000년간 물고기와 용을 섬기며 늪으로 내려갔던 겅(건져 먹는) 사람들은 차츰 장강(양자강) 유역의 기후가 바뀌고 물이 빠져나가 고기를 건지거나 열매를 따먹을 수 없게 되자 차츰 한겨레 박달족이 지어 놓은 농사를 거저먹으려 북으로 올라왔다. 처음에는 박달 유민을 데리고 농사를 배우려 했다. 그러나 먹거리를 쉽게 마련하던 습관을 고치기란 여간 어려운 게 아니었다. 이들은 박달족이 농지를 넓히며 내려 온 산동까지 쳐올라왔다.

정족은 무기를 만들어 떼로 몰려왔는데 바로 군대였고 권력이었고 나라였다. 그들은 박달족의 농사·천문·의방을 적은 글자를 본받아 남을 치기 좋게 떼를 만드는 방법과 사람을 해치는 무기 이름을 나열하였다. 제일 먼저 만든 글자는 배, 수레, 창, 방패 그리고 이를 다루는 군과 대열 그 앞장을 서는 깃발(干戈舟車軍隊旗)이었고, 다음은 큰 떼(國)와 그 우두머리(王, 皇, 帝) 그리고는 그들 조상의 이름이었다.

솟대와 그 나래 밑에서 한겨레가 다 같이 농사를 지으며 구순하게 지내는 박달족에게 나라(羿)는 알을 품어내는 어미나래였다. 박달이 보기에 國은 울타리를 쳐 백성을 보호하는 게 아니라 백성을 뜯어먹는 가두리였다. 또 남의 터에 들어와 무기(戈)로 먹을 것(口)을 빼앗는 형국이기도 했다. 백성을 억압하는 권세는 힘을 좋아해서 해를 숭배했다. 괴로운 백성들은 이놈의 해가 언제 망하느냐고(書傳·湯書) 할 정도였다.

왕들은 자랑하는 글을 많이 짓고 이를 남기려 기를 썼다. 박달족이 가림토로 편하고 쉽게 의사를 적는데 반하여 왕들은 기기묘묘한 글자를 만들어 백성을 가르치고 괴롭혔다. 한자는 한자漢字가 되었다. 떼 두목만 해도 이젠 농사(土)를 다 지배하는 모습 王으로 바뀌었다. 곡식 세울 닝(土) 자는 밀려나 비슷하게 읽는 굽은 별 농(曲辰=農, 밤길잡이별) 자로 바꾸더니, 와하고 떼로 몰려와 낟알을 뺏어가는 박달의 와(我−벼禾를 창戈으로 빼앗음) 자를 발음이 비슷하다고 해서 워(나)로 바꾸었다.

너(二)나 그(三) 자도 자기들 발음대로 이(박달의 실감기 爾)와 기(박달의 키기 其, 뒤에 키는 箕가 됨)를 썼다. 점차 그림글자는 경족이 활발하게 발전시키고 박달족은 농사·천문·의방 등 꼭 필요한 경우에만 만들어냈다. 굽이굽이 기슭 기슭마다 오순도순 무리지어 농사를 짓는 배달(박달)에겐 글로 전할 말이 많지 않았다. 배달을 지배하는 것은 왕이 아니라 오직 하늘이었기에 조세와 부역과 진상進上으로 백성을 괴롭히고, 이를 하늘에 뜻이라고 우길 필요가 없었다.

차츰 큰 떼 두목이 이끄는 경족은 권력을 확충하기 위하여 皇, 帝도 모자라서 배달족이 쓰는 하늘, 나 또는 하나로 쓰는 ―자를 마음대로 주물러 大자를 만들고 이를 우두머리 자에 덧붙였다. 그리고는 자기들이 바로 하늘(天)이라며 가는 곳마다 솟대를 뽑아버렸다. 이런 경족을 하늘님과 넝슬님 밖에 모르는 배달이 당할 수가 없었다. 배달은 하늘님께 매달렸다. 나래에 모여 제를 올렸다. 그러나 떼들은 물러가지 않고 계속 몰려왔다.

배달은 머리에 제일 무서운 주지(자오지—사자) 탈을 쓰고 나서보았다. 제일 밝은 보름달을 이마에 붙이거나 점점 자라는 초승달로 옆머리에 뿔을 달기도 했다. 활과 몽둥이 돌팔매로 목숨 껏 싸우니 처음에는 퍽 무서워했다. 그러나 별게 아니었다. 차츰 바보들(蚩尤)이라고 비웃기까지 했다. 그도 그럴 것이 상대는 먹여 기른 싸움꾼이었지만, 배달 쪽은 당꾸리(덩꾸리)들이 이끄는 일꾼들이었다. 승승장구 하는 경족의 무용담이 만발했다.

끈질긴 배달(당꾸리, 당골, 꾸리, 따공-大弓)도 만만찮았다고 해야 더 빛날 것이었다. 어떤 치우는 군신軍神으로 받들기까지 했다. 배달이 산동에서 패하기 시작했을 때 배달의 본거지 용문(韓城)에서는 농사철을 잘 따지는 큰 당골 환(환한 달빛)님을 중심으로 황제 떼를 어떻게 막을 것인가를 놓고 깊은 시름에 빠졌다. 우리도 황제와 같이 무력을 양성하자는 논의가 무성했다. 환님은 그렇게 되면 배달의 전통인 솟대와 농사와 한겨레는 영영 없어진다고 했다.

그렇게 망한다고 했다. 환님은 큰 솟대를 뽑아들고 황제로부터 안전한 지역을 따라 동진하기 시작했다. 흥안령을 넘어 요하까지 진출하는데 또 다른 1000년이 흘렀다. 황제는 벗어났으나 북방에서 흉노족(마적 떼)이 내려와 또 괴롭혔다. 서역 고원에서 풀밭을 따라 내려간 칭족들이었다. 가뭄이 들어 양이나 말을 치기 어려우면 자주 남방으로 내려와 배달을 괴롭혔는데, 배달은 그 때마다 먹거리를 넉넉히 주며 이들을 다시 북방 초원으로 돌려보냈었다.

2000년이 흐르는 동안 이들 중 일부가 기마민족이 되어 약탈배로 바뀐다. 큰 솟대 환님 후예들은 다시 송화강까지 동진하여 태백산(백두산)에 솟대를 세우게 되니, 배달은 어느새 초

승달을 숭배하는 겨레가 되어 있었다. 초승달 고으리-조선(朝
-초승달 조, 고을 鮮 또는 아사달-이른달) 박달님의 나라였
다. 단단해서 농기구로 쓰기 좋은 나무를 박달나무라 했다. 큰
솟대나 버금 솟대나 죄다 박달나무로 바뀌었다.

황하 한성에서 요하까지, 다시 송화·두만·백두까지 큰 솟대
가 자나온 길을 따라 대소 마을에 박달 솟대가 줄을 지어 퍼져
나갔다. 박달님은 이제 한문으로 단군檀君이라 하고, 예부터의
덩은 상당上黨 또 덩꾸리는 단골 또는 그냥 꾸리라 하여 구려
九黎니 고려高麗니 하는 배달의 호칭으로 발전해 나갔다. 한편
한성에 터 잡고 황하 유역을 누벼나가던 배달은 황제에게 항
복하고, 솟대가 백두에 꽂힐 무렵 요遼가 다스렸고 순舜이 요
를 이어나갔다.

순 다음에는 우禹가 왕이 되어 나라 이름을 하夏라 하였으
며, 화하華夏족이 황제의 후예로서 중국을 지배하는 건국설화
가 완성되기에 이르렀다. 그러나 하를 이은 탕湯까지 배달의
농사와 이를 위한 치수는 모두 덩꾸리들이 담당하였고, 하족
은 다만 군권을 쥐고 배달을 휘둘렀다. 은을 멸한 주周에 이르
러 비로소 화하족의 천하가 되었지만, 농꾼은 여전히 배달이
주를 이루었고, 배달이 화하족화 함으로서 자연스럽게 농사
마을이 중국 전역으로 정착하게 되었다.

배달족이 황하를 더듬고 내려온 지 2700년에 태백(백두 아
사달)까지 왔으나 편할 날이 없었다. 남쪽은 험산준령이 막혀

안전하였지만, 송화강에 이르는 일망무제 들판은 여전히 북방 칭족(기마)·냥족(수렵)의 위협을 받았다. 흉노요 말갈이요 숙신이요 선비요 읍루요 예맥이었다. 초승달고으리(朝鮮)로 자연을 사랑하니 창칼을 갖추기란 쉽지가 않았다. 처음에는 외교로 안 되면 자경대 수비대가 나섰다. 결사 항전하다가 다수가 희생되기도 했다.

멀리 피신하거나 산으로 기어들어 적이 물러가기를 기다렸다. 웬만하면 뺏기고 마는 게 나을지도 몰랐다. 병사를 양성하자는 논의가 거세졌다. 하느님께 비는 데도 마감이 있었다. 단골들은 억울한 죽음을 막고 한 많은 주검을 달래기 위하여 넋을 불러댔다. 북방 풍습이 솟대에 엉켜 무당들의 먹거리 굿판으로 변하기도 했다. 그러나 배달은 솟대를 지키며 하느님을 모셨다. 평화, 사랑, 두레(농업) 그리고 맑은 피(농꾼 순혈)를 지키며 또 다른 1000년을 버텼다.

농서·천문·지리·의서는 화족이 개발한 한자漢字로 적어야 할 정도로 방대해졌다. 그러나 배달의 뿌리는 여전히 가림(글자)이 지키고 있었다. 구전돼 오던 것을 대판(竹簡)에 모았다. 솟대 모시는 방법과 하늘님께 올리는 제사 절차는 반드시 가림으로 써서 많은 사람이 알게 했다. 노래와 춤 그리고 제구인 방울·악기 등 사용법도 꼭 가림으로 적었다. 배달족이 태백에 터 잡기까지의 내력과 이겨낸 고난을 알게 해서 자랑으로 삼게 했다. 그러나 더 높은 기세로 쳐들어오는 도적 떼를 물리치기는 어려웠다. 큰 솟대는 버금 솟대 중 가장 단단한 부소량(불끈 솟대-요동 평양)을 향해 서서히 움직였다. 은의 왕족 기자가 동진하다 세운 솟대였다. 아사달에 남아 끝까지 고토를 지키자는 찰자들은 이름을 부여(벼농사)로 바꾸고 새 솟대를 세웠다. 기후가 변해 초지를 잃은 야인들이 대거 쳐들어오자 부여 유민은 요동 불끈 솟대를 거쳐 바다를 건넜다. 거처로 잡기에는 너무도 허술했다.

으뜸 솟대는 압록강을 건너 대동강 가에 이르니 대동부소량(대동 평양)이었다. 다시 한강 유역까지 내려와 왕국(부여 백제)을 건설하게 되는데 병졸은 대개 현지화 된 왜倭를 앞세웠다. 벼농사를 지으며 되도록 세습 왕을 피하고 솟대 제단을 궁궐삼아 백성을 보살폈다. 군주국이 아니라 제주국祭主國이었다. 버금 솟대 부소량도 처음에는 팔조금법만으로 배달을 다스렸으나 북방족을 당할 수 없어 왕궁을 짓고 수비대를 양성하여 비로소 왕국이 된다.

그러나 천성이 착한 배달이 왕국이 되었다고 북방족을 당할 수는 없는 노릇이었다. 40대에 걸쳐 1000년간 세습 당꾸리가 이어온 조선(기씨)도 한화漢華족의 침략을 받고 압록강을 건넌 대동강에 이른다. 큰 솟대자리에 새로운 뿌시량(평양 마한)을 세웠으나 바로 쫓겨나 홍성·익산으로 찾아든다. 마한馬韓이었다. 거기서 200년간 연명하던 배달의 전통은 백제로 융합되고, 큰 솟대는 구월산·마니산·지리산으로 떠돌다가 백제가 망하자 진도 용장산으로 건너갔다.

　마한 유민과 백제 유민들은 반도 서해안 저지대로 귀화하여 뭍사람이 된 왜인들과 함께 대마(馬)도 규슈를 거쳐 일본에 상륙한다. 원한이 사무쳤다. 힘이었다. 무력이었다. 그들은 천병天兵을 기르며 하느님께 제를 올렸다. 강소국의 꿈일런가 싶었다. 그러나 군사 국가요 내전이었다. 거기에 불교까지 가세하여 대사찰 중심의 군웅할거였다. 저마다 부국강병이었다. 조선반도는 이제 남북으로 오랑캐가 으르렁거리는 정세불안 지역이 돼 갔다.

4) 만권루에 오르다

　나는 형과 함께 만권루에 올랐다. 실로 60년 만이었다. 나이가 드니 가끔 지나칠 때마다 처연히 바라만 봤었다. 저 책들을 누가 관리할고 보다 이젠 그나마 관심 갖는 후손이 끊어질지니 오히려 누가 돈 몇 푼을 노렸다고 잔인해할까 싶어서였다. 얼마 전 이사할 때 손때 묻은 서적들을 그래도 꽤 많은 서화書畵와 함께 시세라는 헐값으로 대거 처분할 수밖에 없었던 나는 꼭 죽은 뒤에 유품을 살아서 정리하는 기분이었다.

　박람강기가 필요 없는 세월이 겹쳐 더 가슴이 시렸다. 10여 년 전 겨우 운반비를 건지면서 이조실록 50권과 『승정원일기』 그리고 독립운동사료 등을 인사동 통문관에 입고시킬 때만 해도 얼핏 만권루가 다가왔으나 걱정도 팔자라 싶어 관심을 끄기로 했었다. 그렇게 애물단지로만 떠돌던 만권루가 지금 엄연히 내 앞으로 걸어나오고 계셨다. 오래 전에 버려진 폐광에서 금덩어리를 캐낸 형인 듯 아니 그보다 더 소중한 금덩어리로 나는 형을 바라보았다.

형이 쳐든 산수가림다 첫머리에 만권서를 읽지 않으면 이 책에 손대지 말라고 적혀 있었다 했다. 형은 무슨 비기秘記나 되는 듯 그래서 더 만 권 서적을 읽고 분류해 놓았던 것이다. 의외로 사서史書도 경전만큼 많아 보였다. 종중 저술로는『고금록古今錄』(한강),『동국지리지東國地理誌』(한백겸),『해동역사海東繹史』(한치윤, 한진서) 그리고 꼭 사서는 아니지만『국조보감國朝寶鑑』,『금강경언해金剛經諺解』,『중간신응경』(한계희) 또『동국통감東國通鑑』(한계희, 서거정 공저)도 있다고 했다. 여조의 대제학을 이어 누대에 걸쳐 대제학을 지켰으니 집안이 온통 책 천지였다고 했다.

만권루에서도 차츰 권력을 내려다보는 인물이 적지 않았다. 그러나 다들 권력으로는 안 될 일이었다. 솟대의 꿈은 하늘의 난익으로 백성을 품는 일이었다. 나는 70년 전후로 태어나 이성계의 장자방으로 또 수양의 장자방으로 성리학 조선의 기초를 닦은 정도전鄭道傳과 한명회韓明澮를 떠올리며 형을 공격했다. 그 조선은 민란의 나라였다. 계유정란이 겨우 가라앉을 무렵 이시애 난이 있었고, 왜·호란 200년이 안 되니 다시 홍경래 난이었다.

정주성에 잡힌 난적들 5000명 중 유약자 빼고 태반이 참살 당했다. 임란 이태 전 정여립 난 때는 2000명이 넘는 호남 유생들이 살해당했고, 4년 후 이몽학 난 때는 그 잔당들이라 희생을 당해야 했다. 숫제 고종 40년은 민란의 시대였다. 나라가 망할 때까지 대소 민란이 끊이지 않았다. 100여 년간 200개의 불온문서(揭書)가 궁궐 담을 발랐다. 이제 다시 우리 말머리는 산수가림다로 돌아간다. 우리에게 남기는 말씀이 무엇이겠는가.

가림다는 모두 열두 두루마리다. 겉장과 일러두기는 별책이었다. 1권으로부터 12권에 이르는 편년체로 삭거나 헤지면 권마다 새로 쓰면서 1-2, 2-3 하는 식으로 번호를 매겨가며 그때마다 그 사연을 적었기 때문에 처음 흙 판에서 죽간으로, 죽간에서 다시 종이로 옮겨 가는 고한苦汗이 선연히 느껴지곤 했다는 형의 말이 실감나는 듯했다. 형은 먼저 별책을 언급했다. 겉장은 함부로 손대지 말라는 경구와 제목 '산수가림다'로 마무리 되었다.

책을 펴니 첫 눈에 들어 온 '弘益人間' 네 글자가 선명했다. 낯설지 않았다. 영락없이 내 서재에 걸려 있는 의제毅齋 선생 글씨 같았다. 그리고는 또 다른 경구가 있었다. 다른 책은 다 버려도 이 책만은 목숨으로 지켜라. 아니 그렇게 해서 여기까지 고행을 거듭하셨고, 지금 이렇게 우리들의 수택手澤을 기다리고 계셨단 말인가. 아니 우리가 버렸다면 하는 생각에 이르니 아찔한 생각에 기운이 쑥 빠졌다. 천하가 한결같이 힘쓰고 힘쓸 홍익인간.

한결같다는 한겨리 같다, 한겨레 같다로 弔자를 썼다. 하느님 뵈려면 솟대나래 밑에 모이기 때문에 나래 밑에 모이는 사람들은 다 한겨레라 했다. 한겨레가 사는 곳을 나래(羽)라 하다가 점점 커지니 큰 나래(弓)라 했다. 한 나래(큰 나라)에 사는 사람들이 서로 세우고 보살피니 弔가 되었고, 또 큰 대大를 부쳐 夷라 했다. 화하華夏족은 끝없이 큰 나라를 이루고 화목하게 사는 이夷를 나중에 활 잘 쏘는 오랑캐라 불렀지만, 활이란 누구나 썼던 사냥도구이니 합당한 자가 아니었다.

천하를 모두 夷로 만드는 것이 한겨레가 짊어져야 할 사명이요, 이를 나중에 생긴 한자로 홍익인간이라 한 것이다. 그 실천 요령으로 다섯 가지를 가르치시니, 정성껏 하느님을 섬겨라, 이웃을 한배같이 사랑하라, 일손을 도와 농사에 힘쓰라, 싸우지 말고 달래라, 피를 맑게 하라다(一心奉天 兄友弟恭 隣保務農 不戰和平 純血通婚).

이제 배달이 솟대를 세워 하느님께 제를 올리고 서로 도와 농사를 짓고 오순도순 먹고 마시며, 누가 쳐들어오면 들어주고 달래가며 세상 끝까지 살기 좋은 나라를 이루는데 한 핏줄로 앞장서야 하느님의 (주시는) 복을 받는다는 굳은 마음가짐으로 5000년간 이렇다 할 궁궐도 없이 성곽도 없이 화려한 제구나 제기도 장신구도 없이 오직 춤과 노래를 즐기며 남새와 나물 나문재를 무치고 버무린 건건이로 맛을 돋우며 살아온 내력을 대충 알만했다.

그러나 사방에서 경족(採取), 냥족(狩獵), 칭족(牧畜)이 한사코 한겨레를 만만히 보고 탐을 내니 배달족은 점점 지쳐갔다. 솟대를 뽑아버리고 식량을 약탈하며 부녀자를 겁탈하고 부역과 병역으로 백성을 들볶으니 이젠 희망이 보이지 않았다. 기자왕국, 마한왕국, 백제왕국을 세워보지만 강국을 이기려고 강국이 되다 보면, 하느님이 주신 노상외(常念)를 따를 수가 없고 오랑캐를 이기기 위하여 오랑캐가 되는 꼴 아닌가.

이것도 안 되고 저것도 안 되어 허망하게 무너졌던 백제. 솟대의 꿈도 함께 묻혔는가. 아니다. 노고단의 으뜸소를 지키던 당골들은 심한 논쟁 끝에 곧 많이 부여로 내려가 벼슬사리(사제)를 하다가 백제 멸망과 함께 대부분 옥쇄하고 말았지만, 그 못지않게 신라(사로국)로 갔던 당골들은 처음에는 사제(천관)로 지내다가 유목 기마족 모용 씨가 쳐들어와 백성을 억압하고 귀족들의 사치를 더하기 위해 불교를 들여오니 천관들은 다시 승려가 되어 후일을 도모했다.

그들 마음 속에는 부처보다 솟대가 어른거려 전례 없는 대웅전 산신각으로 위안을 삼으며 끊임없이 한겨레를 회복하려고 은밀한 활동을 계속한다. 고려 창건을 예언한 화엄사(지리산)의 도선국사와 그 제자들 그리고 왕건의 태사 최지몽 등은

가사장삼을 입고 염불 속으로 새 세상을 열어달라고 하느님께 조아렸다. 고구려는 처음부터 기마족이 창건했으니 그 밑으로 깔려 있는 한겨레의 고통은 이루 말할 수 없었다.

형은 가림다를 들고 한참 동안이나 나를 쳐다봤다. 예수 말고 다른 신을 믿어도 될 일이 아니라는 듯했다. 고려는 불교로 칠갑을 했어도 처음부터 호족들의 세력 다툼으로 영일이 없었다. 그러다가 100년도 안 되어 거란이 침입했고, 또 100년도 안 되어 여진이, 다시 100년도 안 되어 몽골이 쳐들어 왔다. 그리고는 망했다. 무신 귀족들은 땅을 노나 가졌지만 백성들은 다 농노로 전락했다. 나중에는 백성을 해방시켜 주는 대가로 항몽 전선에 뛰어들게 했지만 결과는 참패였다.

끝까지 노고단을 지키던 박달 단골들은 고려의 패망을 지켜봤다. 자기들 생각대로 강소국이란 애초에 없었다. 그럼에도 박달 단골들은 백제 단골의 본거지 교룡산성으로 내려와 용천에 몸을 씻고 모두 땡추(道士)가 되어 또 다시 새 나라를 꿈꾸기 시작했다. 갑자기 형과 나는 서해안을 달리고 있었다. 할아버지가 자주 말씀하신 도사들이었다.

여름 강학을 위해 울데(울 너머)에 지어 놓으신 강당에서 내려다보이는 바다는 늘 낙조가 아름다웠지만, 우리는 섬놀이(신기루)를 즐기며 야릇한 물안개에 저마다의 상상력을 보태 지껄이고 있었다. 선생님은 6·25 전후라서 그러신지 손가락을 짚어보시며 나라 걱정에 여념이 없으셨다. 선생님은 아산만이 달

의 영휴盈虧에 따라 사리와 조금의 차가 열 길이나 되어 월건月
建과 일진日辰을 따지는 대소 풍수가들이 늘 북적거린다고 하
셨다.

특히 나라가 어렵고 백성이 도탄에 빠질수록 안개(內浦)로 이
어지는 계룡산은 도사들의 천국이요, 저마다 사당을 차려 놓
고 밤하늘을 응시하며 내일을 실험하기 바쁘다 하셨다. 관도
의 실체가 부패 특권임을 깨달은 선비들도 곧 많이 모여들어
진정한 민생의 길을 모색하며 의술·복卜술·무巫술로 백성의
건강을 챙기고 안정과 희망을 불어넣는다 하셨다. 약초를 심
으며 약재를 걸고 인근 동학同學들과 교류하며 구민救民을 걱
정한다 하셨다.

그 중심이 서기徐起의 충현서원이었다. 거기에서 처음 개벽
소리가 들렸다고 한다. 많은 호기豪氣들이 객기客氣가 된 지 꽤
오랜데, 남학(佛道)이요 정역(儒道)이요 선도(東學)요 하다가 제
각기 남·북접으로 달려가 죽임을 당했다고 하셨다. 나는 늘 조
선은 크게 세 번 망했다고 생각했다. 한 번은 한(華)족에게, 또
한 번은 유목민에게, 마지막은 망명 조선족 일본에게였다. 그
러나 나는 그 때마다 하나님은 조선족의 조선적임을 붙들어
앉히셨다고 생각한다.

조선족의 불씨를 살리셨다. 평화와 사랑이요 생산과 분배의
공동체였다. 세상이 혼미할 때마다 밝히시는 뜻이었다. 지금
세상은 다시 하나님을 거역하고 강자의 성을 쌓으려 한다. 하

나님은 자꾸 조선족에게 눈길을 주시는 것 아닌가. 동학은 옛 날부터 내려오는 우리 하느님을 찾았기에 바로 백성들의 폭 넓은 지지를 받을 수 있었다. 나는 형에게 한학을 하다가 최초 로 천주를 믿게 된 이벽 선생(1786 몰)과 최초로 천주를 찾게 된 수운(1864 몰)이 모두 우리 외손이라 했다.

형은 기이하다는 눈치였다. 우리의 마음은 퍽 가까워지고 있 었다. 어떻게 백성이 편하게 사는 하느님 나라를 앞당길 것인 가. 큰 솟대는 언제 모셔올 것인가. 분단 정부를 끌어안고 망 명 정부 일본을 불러들이면 그 날이 그 날 아닐까. 그 날이 오 면 용장산에서 오래 외로움을 달래던 으뜸소 큰 솟대는 다시 태백산에 꽂힐 것이다. 우린 만권루를 내려왔다. 어느새 여기 까지 전기가 들어와 우린 환한 전등 아래서 저녁밥을 같이 했 다. 새 세상이 이렇게도 오는 걸까.

나. 기중난 영감

경제개발에 참여했다가 독재로는 한계가 있다고 판단한 기 중난이 탑골에서 정치 실험을 시작한다. 신군부에 놀란 그는 다시 문민·국민 정부에 실망하고 백두대간을 종주하며 시름을 달랬다. 앵자산에서 한 줄기 광명을 발견한 노년의 기 영감은 뜻을 모아 기도회를 갖는다.

1) 탑골에서 천진까지

기중난 영감의 텃밭은 탑골공원이었다. 탑골공원이 완전 보수에 들어 간 후 신변잡담이나 고릿적 무용담을 즐기는 패들 그리고 옛날 얘기를 그럴듯하게 꾸며 대는 축들은 가까운 종묘공원으로 옮겨갔으나 나라를 걱정하고 정치의 잘잘못을 따지는 영감들은 뿔뿔이 헤어졌다. 더 이상 애국이니 정치니 하는 넋두리가 먹혀들지 않고 공소하게 들릴 정도로 세태는 변해가고 있었다. 민주화도 시들해졌고 통일도 배부른 외침이 되었다.

어릴 때 기중난은 두렁바위(堤岩里) 만행을 보고 듣고 자란 아버지 밑에서 민족의 자유와 독립을 위해 몸 바치리라 좁은 가슴을 태웠다. 해방 후 서울에서 중·고등학교를 다니면서도 내내 민족은 그 곁을 떠나지 않았다. 대학에서는 이승만 독재와 북진 통일에 반대하고 나서며 서서히 정치 지향생이 되었다. 4·19를 거치며 그는 민족적 민주주의에 희망을 걸었다. 5·16 쿠데타 세력이 청년분과를 맡아달라고 제의했을 때 그는 깊은 고민에 빠졌다.

청년 기중난은 경제개발5개년 계획을 짜는데 뛰어들어 열심히 일했다. 그러나 역시 독재는 부패하고 있었고 군사문화적 외형 성장은 안으로 인권 탄압과 자유창의 말살, 밖으로 외채 누증과 경제 종속을 강화함으로서 국민경제를 끝없는 차입 경영과 고비용 저효율의 나락으로 몰고 갔다. 나라 전체가 물량 성장의 허구성에 속아 유구한 역사를 자랑하는 한국 지성조차 박수를 치며 자기들의 명예, 자기들의 소득, 자기들의 일자리를 높이고자 허질러 다녔다.

중년 기중난은 성장 지상에 맞서다 공직을 버리고 탑골을 찾았다. 런던의 하이드 파크를 생각했다. 한 10년을 떠들고 나면 무엇인가 손에 잡힐 역사가 만들어지지 않겠는가. 주로 민주화요 자유화요 기술화였다. 그러나 80년의 신군부는 그 희망을 송두리째 앗아갔다. 또 다른 10년이 무거운 억압으로 다가왔다. 그리고는 문민시대. 그러나 부정부패와 전례 답습에 젖은 지성인들은 이미 시대에 걸맞은 청사진을 내놓을 수 없는 자폐증에 걸려 있었다.

노년 기중난은 실의에 빠졌다. 예상했던 대로 환란이 왔다. 그러나 김 도령의 대중경제론은 무용지물이었다. 오히려 대중의 밥줄을 끊는데 앞장서야 했다. 그랬어도 부정부패만 척결했으면 중간이나 갔다. 그러나 대통령은 부정부패의 뿌리를 정확히 몰랐고, 나아가 논공행상과 맥락을 같이 하는 부정부패는 애써 외면했다. 자기들이 해야 할 정치 개혁을 뒤로하고 애꿎게 독선 부패 관료가 내놓은 행정 개혁에만 매달렸으니 성공할 수 있겠는가.

결과적으로 준비 안 된 대통령이 되고 만다. 이는 6·15 선언조차 제대로 평가받을 수 없게 만들었고 보혁 갈등만 증폭시켰다. 사실 남북 화해가 아무리 화려한 구호라 해도 50년 반공 보루가 그렇게 쉽게 무너질 성질의 것은 아니었다. 기중난 영감은 생각했다. 이 나라 지도자들의 인생 설계가 바뀌지 않는다면 이제 농업의 파탄 속에 수많은 실업자가 땅을 칠 것이고, 우리의 공동체는 결국 선진에서 탈락할 것이다. 새로운 지도자를 키워야 한다.

조선의 명예와 재산을 몽땅 팔아 무관학교를 세운 이회영 선생과 오로지 기개와 적성赤誠으로 나라를 세워 스스로 그 청소부가 되려 했던 김구 선생 그리고 두 분의 총체적 상징인 상해임시정부의 건국 이념을 본받을 새로운 인재를 양성해야 한다. 기 영감은 주유천하를 결심했다. 500년 조선사를 되씹어 보는 300일 장정이었다. 절망하며 기도하며 깨달으며 태백산맥을 훑어내려 갔다. 우당과 백범의 장탄식이 들려왔다.

해방된 조국에서 소위 한다 하는 지도자들이 나라를 찢어 가질 만큼 욕심을 부릴 줄은 몰랐다. 정녕 나라가 갈라지면 피비린내 나는 대살육전이 벌어질 것이었다. 분단을 지켜 본 김구가 떠난 지 1년도 안 되어 예상은 현실로 다가왔다. 두 선생은 외치고 계시다. "예수님이 죽어 사랑이 넘치는 사회를 만들어 나가시듯 우리는 권력을 고난으로 짊어질 새로운 인재를 양성하리라." 두 분 다 예수를 믿었으나 하나님 나라에서도 두 분의 소원은 더 절절했다.

기중난의 태백산맥은 나라의 역사였다. 최근만 해도 조선의 인재들은 곧 많이 귀족공화국이었다. 사상적·지역적·가문적 갈등을 한 보따리에 싸기에는 힘겹게 임정을 이끈 김구의 품으로도 이겨 내기 힘들었었다. 해방으로 더 치솟은 부와 명예욕은 백성의 공화국을 가로막았다. 빌라도의 형통과 예수의 고난을 멈추기에 하나님의 심판과 구원은 너무 멀리 계시다. 평화와 사랑과 한 솥밥 공동체를 꿈꿔온 조선족은 얼마를 더 기다려야 하는가.

권력에 대한 제동은 종교에서 비롯되었다. 군권君權과 신권의 대결이었다. 그러나 오늘날에도 교황청은 있지만 불황청은 없다, 그렇게 동양을 석권했던 불교였지만 권력을 누르기는커녕 권력을 옹호했다. 반면 서양에서는 가톨릭에서나 신교에서나 종교적 권위는 현실 권력을 견제하고 그와 우열을 다투었다. 특히 칼뱅은 자유와 평등이 신의 선물이며 국가 권력이라도 하나님의 말씀을 거스를 수 없다고 주장했다.

루소에 이르러서는 종교적 이유에서가 아니라 역사적 원시 공동체에서 인간의 자유와 평등의 최고를 발견하고, 권력은 다만 자유와 평등을 누리려는 인민들이 그 충돌과 알력을 피하기 위하여 편의적으로 만들어 낸 조정기관이라는 것이었다. 여기에서 인민 주권과 의회주의와 그리고 가능하다면 직접 민주주의가 인간을 다스리는 기본 틀이 되어야 한다는 대 명제가 나온다. 실로 인간 구원의 이상은 이 때부터 개화하기 시작했다.

비슷한 시기에 은둔의 나라 조선에서도 이벽 선생이 서학으로 자유 평등에 쉽게 접근하고 있었다. 선생이 태어난 이듬해 루소는 『불평등기원론』을 썼고 7년 후에 다시 『사회계약론』이 나왔다. 이벽 선생의 5대조는 병자호란(1637) 때 인질로 잡혀간 세자와 함께 심양·북경에서 8년간 서양 문물을 접하고 돌아왔다. 세자가 친청으로 몰려 거세되었을 때 이벽 선생의 가문도 몰락했으나 선생은 방대한 서학 서적을 탐독한 끝에 이 땅에 천주학을 확립한다.

선생의 나이 25세. 여전히 수재들은 입신양명에 매달리고 있었다. 시험 정보를 얻을 수 있는 길목마다 둥지를 틀고 경학에 여념이 없었다. 특히 남한강 가의 사찰들은 고시촌이었다. 그 가운데 하나가 양평의 주어사. 거기에는 벼슬을 버리고 낙향한 남인 거유 권철신의 자제들이 모여 있었다. 그 말사인 천진암에서도 남인 출신 정丁씨 형제들의 글소리가 드높았다. 선생은 먼저 눈보라치는 야밤에 천진암을 찾아 촛불집회를 갖는다(雪中夜至 張燭談經).

약용은 16세, 형 약종은 18세, 그 형 약전은 21세. 대 선배로서 강학을 지도하던 권철신은 43세였으며, 모두들 당시의 진보파인 실학에 경도되어 있었다. 선생은 좌중을 압도하는 변설로서 하늘에 오르는 길(上天道)을 강론했다. "아태조我太祖가 나라를 구한다고 역성 혁명을 일으킨 지도 400년. 권력을 둘러싼 골육상잔과 사색당쟁 그리고 왜란·호란까지 겹쳐 백성은 도탄에 빠져 있다. 그간의 당상관이 한둘이 아닌 터에 또 과거 공부란 말인가."

꼭 프랑스 혁명 10년 전이었다. 남녀 귀천없이 천주만 공경하면 복을 받고 하늘나라로 갈 수 있다는 가르침은 무엇인가 변화를 갈망하던 당시의 시대 분위기에 불을 당겼고 희미하게나마 자유와 평등이 싹트기 시작했다. 양반과 관속들에 시달렸던 민생이 고개를 들었고, 남정네에 눌려 지내던 부녀자들이 손뼉을 쳤다. 죽음을 마다하지 않고 또는 죽음을 피해서 산속으로 기어들었다. 다만 출세 지망생들에겐 권력은 아직도 속박의 원천으로 보이지 않았다.

그만큼 군사부일체는 철밥통이었고 이에 맞서는 어떤 권위도 상상할 수 없었다. 그래서 지식인들은 곧잘 땅을 버리고 하늘로 오르려 했다. 오랜 풍류사상이었다. 현묘지도玄妙之道를 따라 죽림으로 도피하기 바빴다. 이에 당당히 맞섰던 이벽 선생. 그는 강론 6년 만에 문중의 압력으로 두문불출, 최치원의 글귀를 절명 시 "어려서 우연찮게 하나님을 뵙고(糸入中天) 서른이 다 되어 그 도를 깨우치다(錦還天國)"에 담아 자진自尽하고 만다.

강학회가 파한 후 일부 양반들은 다시 과거 공부에 몰두했다. 약전·약용 형제도 대과 급제한다. 그러나 천주교는 힘없는 백성에게 엄청난 변화를 몰고 왔다. 선생 사후 100년 간 수만 명이 박해 받고 수만 명이 순교한 끝에(1886) 종현(명동)성당의 착공이 허락된다. 당시 심산유곡에 흩어진 신도 15000 명(서울 800명)이 지게꾼 광주리 행낭 것들이 되어 동학란, 갑오경장, 을미사변, 아관파천을 뚫고 올라와 몇 달씩 노력 봉사를 했다. 준공에 12년이 걸렸다.

만민평등사상은 홍경래 난 등 여러 민란으로 이어지고 신교가 들어오자 더욱 거세졌다. 전덕기의 상동청년회, 안창호의 신민회에 이르러 드디어 권력을 해체하고 이를 백성에게 돌릴 궁리가 샘솟으니 공화제였다. 그러나 이미 나라는 기울었다. 자유 평등 세력은 광복 운동에 나섰으나 중구난방이요 무책이 상책이었다. 오랫동안 부패 특권을 부추긴 만동묘의 유교 이상주의에서 무엇이 나오겠는가. 비분강개요 사회주의요 무정부주의였다.

언제나 특권을 향해 달려가는 인재들의 행렬이 붐볐던 조선과는 달리 시험으로는 귀족(武士)이 될 수 없었던 일본에서는 여러 분야에서 수재들이 두각을 나타냈다. 농민 쇼에끼(昌益)가 성인 강도론을 들고 나와 권력을 규탄했다. 계급사회(私法盜亂)로부터 무계급사회(自然活眞)로 이행하기 위한 방책을 제시했다. 일하지 않는(不耕貪食) 무리를 대표하는 성인聖人을 타도하고 일하는 다수(直耕直織)의 협동체(정부)를 내세웠다.

가부장적 충신이었던 조선의 인재들은 어디까지나 군주제였다. 이수광이 1614년 『지봉유설』로 서양 문명을 소개한 이래 조선 실학은 몰락 양반, 서족, 중인들에 의하여 발전되어 갔으나 대부분 개량(煩瑣) 유학을 벗어나지 못했고 누구도 군주에게는 대들지 못했다. 중국도 겨우 청말淸末에 캉유웨이가 유교를 국교로 하는 입헌을 논했을 뿐이었다. 뒤늦게 서양을 배우고 돌아 온 가난뱅이들이 공화제를 이끌었으나 프랑스 혁명 100년이 훨씬 자나서였다.

부패 특권은 뿌리가 깊었다. 공화국이라 해도 조선의 인재들은 귀족 공화국을 꿈꿨다. 일본이 물러가니 그들은 결국 나라를 찢어가졌다. 관살官煞 맞은 원혼들이 구천을 떠돌며 탈법과 편법을 부추기고, 잘난 만큼 잘 살아야 한다는 관속들의 직업관은 여전히 손을 벌리게 했다. 하나님의 말씀을 따르려는 백성의 공화국은 멀어져 가지만 세계화로 덮어씌우며 잘도 뭉쳐간다. 해봤자 강약부동으로 농업, 중소기업 다 떨려나는 큰 재앙이 될 것이다.

강자만 사는 나라는 도처에 위기를 양생한다. 왜정 때도 강자는 잘 살았고, 북도 강자는 잘 살지 않는가. 굴종하는 다수는 결국 반란을 일으키고 사회는 늘 불안하다. 불안은 결국 승자를 위협할 것이다. 인류 공영은 물 건너가고 세계 평화는 위협받는다. 해결의 길은 민존이요, 이때 백성은 바로 만백성이요 힘없는 다수다. 동양에서 다수를 위한 정치를 주장했던 맹자는 당초엔 경서 축에 들지도 못할 정도로 오랜 경계인이었지만 기실 이룬 것은 없었다.

이러 저런 생각 끝에 기중난이 당도한 곳은 천진암이었다.

한 줄기 선연한 빛이 하늘로 뻗어 있었다. 경학을 공부하다 스스로 하나님을 영접하였기에 교황청에서도 세계 유일무이의 자생 성지로 지정하였다니 실로 놀라운 일 아닌가. 입만 열면 공맹이요 눈만 뜨면 소중화인데, 그 비좁은 틈을 어찌 비비시고 하나님이 들어오셨단 말인가. 하늘 아래 첫 천국을 세우려 함이 아니시겠는가. 기 영감은 먼저 얼음물(氷泉)로 세수를 하고 네 분 성인 묘를 참배했다.

다산 선생이 최연소로 이곳 강학회에 참여하셨다고 하니 감전된 듯 온몸이 저려왔다. 공직에 있을 때 처음 간행된 『목민심서』를 읽고 선생의 시대를 뛰어넘는 공직관에 매료되었었다. 공직을 물러난 뒤에 곧 바로 선생의 고택을 찾았을 때만해도 선생이 천주교와 맺은 인연을 잘 알지 못했었다. 유배 만년에 완성한 『목민심서』가 실로 신약 경전이란 생각이 들었다. 해배 후에도 이를 꼭꼭 감추려 할 분위기였으니 선생을 배교로 모는 것은 천부당하다 하겠다.

부패 특권 안에 있다 밖으로 나온 사람에게 안에 있을 땐 뭐 했노 할 수도 있으나 극명한 참회이기에 많은 사람에게 경종을 울릴 수 있었다. 다만 오늘까지도 그 흙탕물이 도도히 흐르고 있으니 한심하기 그지없고 회의와 착종이 가라앉질 않는다. 배신자가 될 수도 있고 또 달리 전과자로 몰릴 수도 있을 선생이셨으니, 선생의 특권 탈락은 그 방대한 비판적 저술을 남기기 위한 하나님의 역사 같기만 하다. 천진암의 발견은 그

걸 말하고 있는 게 아닐까.

그러나 한편으로 아랑곳없이 부패가 굴러가니 이를 까뒤집는 것은 국민들에게 언젠가 부패가 끝날 것이라는 헛된 희망을 안겨주어 오히려 부패 특권을 참고 견디게 함으로서 그 지탱을 도울 뿐이라는 역설도 만만치 않다. 서투른 헌책보다 체념이 낫지 않을까. 체념은 비탄을 낳고, 비탄은 오히려 혁명을 낳는다고 하지 않는가. 그러나 기 영감에게 천진암은 한껏 부푼 희망으로 가까이 다가왔다. 서둘러 탑골의 정치 영감들을 불러 모아야 한다.

남한강 가에 널려 있던 암자를 고시촌으로 만들었던 선비들을 이끌고 이제 탈 권력의 봉사정신으로 충만한 새 인재를 양성해야 한다. 천진암이 그 앞장을 서지 않는가. 기독교가 교리로 들어와 실학 철학에 심취한 최고 인텔리로 하여금 교회를 설립케 하듯 쓴맛 단맛 다 본 영감들이 한 목소리로 신질서를 내지르면 어찌 하늘이 열리지 않겠는가. 봉제사가 생명이던 시절 신분에 관계없이 이를 버리고 숨겨간 그 많은 순교자들이 우리를 음호할 것이다.

기복적 요소는 어느 종교에나 다 있으니 그것만 가지고 기독교가 숱한 탄압을 무릅쓰고 신속히 전파되었다고는 할 수 없다. 분명히 이 시대에 큰 변화를 주시려함이 틀림없다. 이제 하나님이 우리에게 주신 개혁과 진보의 계시를 실천하는 일만 남아있는 게 아닐까. 기중난은 지금 탑골을 잃고 방황하는 정치 영감들을 만날 자신감이 생겼다. 몇 마디 말만 건네면 모두들 큰 생광으로 여기고 따라 나설 것으로 자신했다. 그만큼 그의 탑골은 단단했다.

영감들은 한 때 증오의 논리로 무장했으나 증오는 아무리 과학으로 포장해도 또 다른 갈등을 낳고, 결국 아무런 진보도 이룰 수 없음을 깨닫고 다시 의로운 길을 찾아 나섰던 차였다. 모든 사람이 최선을 다 해 일하고 그 성과를 공정히 나눔으로서 항상 창조에 목말라하는 그런 세상을 그리던 영감들이었으니, 그 이상미가 이제 기독교에 응집되어 개화할 수 있다면 마다 할 이유가 없었다. 온 인류의 모범으로 꽃피울 극상의 기회를 놓치려 하겠는가.

부정부패 청산은 진정한 자유·평등·박애의 전제이며, 그것 없이는 구원도 근대화도 선진화도 불가능하다고 믿었던 영감들은 좌절과 절망과 망상 끝에 모두 죽었다고 포기한 의인을 자처하고 나서며, 지혜와 재산과 체력을 있는 대로 바치고 죽음을 맞이하기로 작정했던 것 아니었나. 이제 하나님이 그 의인을 부르시니 흔쾌히 응할 것이다. 서로 오래 만나지 못했어도 그만큼 고민하고 다졌기에 지금쯤은 모두 비슷한 결론에 도달해 있을 것이었다.

칠십이 다 된 구부정 영감은 오늘도 구시렁거린다. 인재를 키워야 할 터인데 어떻게 하면 좋겠는가. 청춘을 노래하고 장년을 자랑하며 영글만큼은 영근 삶이지만, 이제야말로 남은 십 년을 달리 살다 그 끝에서 당당하게 죽음을 만나야 할 것 아닌가. 누군가 삶을 돌아보고 자식들이 물려받을 앞날을 걱정해야 한다. 안 그러면 부패가 판치는 세상은 수그러들지 않을 것이고, 자식들은 타성에 젖어 물 텀벙 술 텀벙 한심한 세상을 살 것이다.

살만큼 살고 알만큼은 아는 원로들이 지나치지 말고 고민해야 한다고 구 영감은 생각한다. 이 나라의 잘난 사람들은 대체로 공권력을 넘본다. 인재들이 모략과 술수로 권력을 다투면 대다수 국민은 박수를 보낸다. 자신들이 활극의 주인공으로 착각한다. 국민 스스로 동물왕국을 건설한다. 누가 권력의 최면으로부터 사람을 해방하고 황폐한 이 땅 위에 백성들이 거처할 푸른 숲을 가꾸겠는가. 세상을 바로 보고 대들 아들 딸들을 탄생시켜야 한다.

어디서 좋은 짝을 구하랴. 어디서 진주를 줍고 다이아를 캐랴. 해란강 가에서 자란 여인, 할아버지가 독립군으로 최후를 마친 집안이면 좋다. 쉽지 않을 것이다. 누구도 그걸 알아주지 않고 누구도 그걸 자랑하지 않으니까. 하나님을 믿으면 더 좋겠다. 죽을 때까지 하나님의 칭찬받을 일을 찾아다니다 만나는 사이면 좋기 때문이다. 구 영감은 고부랑 영감을 만나 뜻을 같이 하고 조선족이 많이 사는 구로역에 내린다.

"우리가 잘못 온 건 아녀"하면서 많은 영감들이 구로정에 오르고 있었다. 옛부터 늙은이들이 모여 나라 걱정을 한 곳이다.

어느 새 정치 영감들이 곧 많이 와 있었다. 기중난 영감도 수소문 끝에 구로정에 합류했다. 이심전심이라고 할까. 여러 말이 필요 없었다. 오는 3월 1일 조선조를 이끌어 온 가짜 군자들, 아직도 한국을 이끄는 이들을 단죄하고 그들의 군자론을 불사르기로 한다. 제2독립선언이었다.

2) 기도의 힘

영감들은 천진암을 향했다. 100일 기도를 드리고 일제히 일어나 솟아나는 샘물에 씨를 뿌릴 것이다. 아희들을 건져내어 반석 위에 올려놓을 것이다. 기중난 영감이 앞장섰다. 천진 계곡을 오를 때 깨어난 물소리가 요란하고 연둣빛 꽃망울이 나뭇가지를 맴돌며 영감들을 반갑게 맞이했다. 가짜 군자들을 잡도리할 때 많은 영감들이 침침한 눈물을 흘리며 야윈 주먹으로 만세를 부른 것이 어제런 듯 기 영감을 설레게 했다.

바로 뒤에 장인귀, 차법대 영감 그 뒤에는 안나리, 신방패, 모리천 영감 그 뒤로는 민총계, 한우리 영감 또 그 뒤로는 고루주, 사랑남 영감 그리고 마지막으로는 피괄어, 목고추 영감이었다. 계곡 중턱에 이르자 멀리 앵자산이 천진암 양옆으로 각선미를 뽐내며 환한 웃음으로 열두 영감을 맞이하고 있었다. 용두봉미龍頭鳳尾요 황운기호皇運騎虎에 단학비상丹鶴飛翔 아닌가. 벌써 영감들의 정기는 단전으로 무게를 잡는다.

열두 영감들은 용소龍沼에 이르러 상탕에 세수하고 중탕에 몸을 씻고 하탕에 발을 씻는다. 새 옷으로 갈아입은 영감들은 빙천을 뒤로하고 가부좌를 튼 채 좌정했다. 모두들 산란散亂을 버리고 선정禪定에 들어갔다. 이윽고 기 영감이 기도문을 읽는다.

"하나님 아버지. 조선이 국권을 일본제국에 헌납하자 500년 조선 지혜와 조선 교범의 가치가 소진되었음을 깨달은 이회영 선생은 조선의 명예와 재산을 모두 팔아 무관학교를 세웠고, 한미寒微에서 기신한 김구 선생은 나라를 세워 그 청소부가 되기를 다짐하였습니다. 두 분의 뜻을 받들고 오직 봉사하는 마음으로 나랏일을 맡을 새로운 인재들을 양성코자 뜻을 같이한 열두 늙은이가 엎드려 100일 기도를 올립니다."

기도회를 마친 영감들은 나라의 동량들을 많이 얻었으나 키울 일이 걱정이었다. 기중난 영감의 제의에 따라 각 영감이 계자 훈 하나씩을 지어내기로 했다. 먼저 장인귀 영감이 나섰다. "새 나라는 장인이 귀한 나라다. 자식들을 장인으로 키워야 한다. 어느 분야에서나 전문 지식과 전문 기술을 가진 자들의 세상이 되어야 한다. 특히 첨단 기술을 닦기 위해 공대를 보내야 한다." 차법대 영감이 거들었다. "옳아요. 법대 출신 유명대 출신들은 이제 쉬어야 해."

안나리 영감은 한술 더 뜬다. "공무원은 종인데 나리 행세하는 녀석들은 쫓아내야 한다. 자식들을 그런 일에 앞장서도록 키워야 한다. 뇌물이나 술 대접, 어떤 청탁도 배척해야 한다. 그렇게 해서 되는 사업은 하지도 말며 또 그렇게는 사업을 키울 생각도 말아야 한다." 신방패 영감도 급하다. "나리뿐 아니라 한통속으로 돌아가는 신문 방송도 쳐내야 한다. 사설은 주청主淸인데 광고는 작탁作濁 아닌가. 관변에 붙어 사니 호랑이를 가장한 여우로다."

모리천 영감은 그것보다 더 급한 게 있다고 한다. 모리謀利를 천시해야 한다는 것이다. 모리는 부정부패의 온상이며 인성을 파괴한다. 싸게 사서 비싸게 파는 짓, 공해산업, 유해식품, 전월세, 고리대금, 각종 투기 등을 멀리하고 부가가치를 창출하는 영리營利에 힘쓰도록 해야 한다. 이윤은 소비자의 아름다운 격려금이 되어야 한다. 더 좋은 제품, 더 기찬 서비스를 만드는 데 써야 한다. 오직 격려금을 올리려고 복잡하게 소비자를 속여서는 안 된다.

민총계 영감은 다수의 민초들이 잘 살아야 한다. 적어도 그들의 불편(식고食苦, 학고學苦, 병고病苦)은 없애야 한다. 아무리 팔자 늘어지게 잘 늙었어도 희희낙락하지 말고 늘 삼고를 보살피고 죽어야 한다. 한우리 영감은 북한은 오랜 동안 우리와 같은 공동체였다. 외세에 의하여 찢겨져 나간 것이다. 미·소가 아니라 영·미가 분할 점령했다면 벌써 통일되었을 것이다. 미·소 적대가 끝났으니 우리의 적대도 끝내야 한다. 한번 공동체는 영원한 공동체를 꿈꾼다.

사랑남 영감은 역시 사랑만이 접착제라고 주장했다. 이웃을 사랑하는 자세야말로 공동체의 가장 요긴한 덕목이라는 것이다. 고루주 영감도 한 수 한다. 자기가 가지고 있는 재산, 지식, 기술을 골고루 나누는 데서 사랑이 꽃핀다고 했다. 다음은 피괄어 목고추 영감이다. 피 끓는 아희들을 키워야 한다. 권력에 기신거리지 말고 항상 맞서야 한다. 불의를 보면 덤벼들고 향수로 치장한 오리들을 잡아내야 한다. 그런 인재들이 스크럼을 짜야 한다.

기 영감이 정치 얘기를 꺼낸다. 새 정치는 별난 군자君子가 아니라 보통사람 가운데 기중 난 사람이 맡아야 한다. 모인 중의 한 사람이면 족하고 그 위로 군림한다는 생각을 버려야 한다. 좌상이라는 말이 옛날부터 있었다. 면장이 모여 군수 뽑고, 군수가 모여 도지사 뽑는 식이다. 지역 사정을 잘 파악하고 매사를 정직하게 이끄는 사람을 키워야 한다. 국회의원도 그런 사람을 시켜야 한다. 선거 혁명이라 하는데 선거 방식부터 고쳐야 한다.

우편으로 자기를 소개하고 라디오나 TV에 나와 소신을 밝히도록 하면 그런 사람이 뽑힐 것이다. 내각 수반도 국회에서 뽑아 그때 그때 책임을 물으면 제왕적 통치는 살아질 것 아닌가. 지난 날 그 야단법석을 떨고 정치인을 뽑아서 잘 한 게 뭐 있는가. 정치만 바로 서면 다른 분야는 서로 얽혔다가도 쉽게 풀린다. 못된 사람들이 부패 특권을 틀어쥐고 있어 더 어렵다. 봉사할 자신이 없는 자식들은 공직을 넘보지 못하게 해야 한다.

영감들은 서로 옳거니 하며 결의를 다진다. 그러나 더 할 일은 없는가. 글로 써 남겨 정의를 위해 방황하는 자에게 길을 밝혀야 한다. 그렇다면 또 하나의 발분 저서 아닌가. 발분 저서가 왜 약한가. 다산의 역작 『목민심서』도 발분 저서였으나 후진들에게 더 없는 지침서가 되고 있지 않은가. 지금은 금서가 아니니 우리들의 소망이 많은 사람들에게 읽힐 것이다. 우리는 나아가 올곧은 생각을 실천하려는 자식들을 물심양면으로 지원할 수도 있지 않은가.

한 가지 더 중요한 일을 놓쳐서는 안 된다. 다시 기도다. 틈만 나면 기도를 드려야 한다. 기도는 2대 신부 최양업이 수운 선사에게 권할 정도로 하나님을 향한 첫 관문이다. 그리로 들어가면 응답陰騭을 받을 것이니 모두 한 소리로 정성을 드리면 뜻을 이룰 수 있지 않겠는가. 동학도 기도에만 의지하였다면 그 큰 희생을 막을 수 있었을 것이다. 하나님은 꼭 들어주실만한 소원은 들어주신다고 했다. 욕심과 원망을 버리고 의를 구하면 주실 것이다.

의를 구하고 불의를 못 참는 사람, 희생을 감수하는 사람, 사업을 하나님 심부름으로 여기는 사람, 나누는데 기쁨을 찾는 사람 그런 사람 없나. 산을 내려온 영감들은 반기는 사람이 비어 있는 집으로 들어선다. 부취扶醉할 치자도 환영할 수처瘦妻

도 없었다. 혼자 잘난 체하고 다닌다는 핀잔뿐이다. 되지도 않을 일 누가 알아주랴. 일이 되는 것 같아도 떠들어서가 아니라 될 때 되어 되는 거. 집안 건사나 잘하고 병 없이 살다 갈 궁리는 안 하고.

자식 손자들의 영롱한 눈빛을 바라보면 재산 있는 것 하나도 허투로 쓰지 말고 아끼고 아껴 주고 싶어진다. 그 애들 장래가 내 장래 아닌가. 더러 나가서 품위 있게 먹고 마시는 재미는 또 어떠한가. 시중 드는 아희들을 노련하게 바라보는 낙낙함은 무엇에 비하랴. 세상도 힘 센 사람 꾀 많은 사람이 이기는 법이다. 이긴 자의 부귀영화가 무엇이 나쁘랴. 그것 없으면 누가 아귀다툼을 하랴. 오늘도 걷는다마는 진 자의 탄식도 또한 즐거움 아니겠는가.

개똥밭에 굴러도 이승이 좋다고 했다. 여러 가지 악기가 다양한 소리를 내며 조화를 이루는 세상은 얼마나 듣기 좋은가. 한두 가지 악기가 불협화음을 내도 자연스럽기는 매한가지다. 자연의 조화가 그렇지 않은가. 그래서 시인은 모든 것을 아름답게 오묘하게 신비하게 묘사하며 그들만의 심미안을 뽐내고 있다. 문학이 그렇고 예술이 그렇다. 어디서 패배자의 신음소리가 들리는가. 설령 있다 해도 다시 장엄함으로 스며들고 만다.

문명을 도전과 응전이라 하지만 열악한 환경 아래서도 죽치고 사는 사람이 많다. 아마존의 원시림, 동남아의 열대림, 사바나와 열사의 나라, 툰드라 혹한지대 등 응전의 대가라 하기

엔 너무도 열악한 문명이다. 그래서 문명은 하나님의 영역이다. 다 같이 원시에서 출발했지만 하나님이 그 거대한 구상을 요리조리 실천하신다고 봐야 한다. 우리는 이를 진보로 보고 우리 시대에 걸맞은 사명을 찾아 나선다. 단순한 이기의 개발이 아니라 자유와 평등의 대의다.

우리는 자주 우리만 못한 문명과 비교하며 이만하면 됐다고 자만하거나 더 나가려는 노력을 제주制肘하는 경우를 본다. 모두 패자를 배려하자는 논의를 잠재우려 함이다. 큰 승자와 큰 패자가 없는, 작은 승자와 작은 패자가 많은, 승자가 패자를 쓰다듬는, 그리하여 수치보다는 감사를 이끌어내는 사회가 돼 가는 과정을 진보로 보는 것이다. 보수란 진보를 부정하는 것이 아니라 인정하되 다만 그 조급성을 경계하는 포지셔닝이 되어야 한다.

영감들에게 영감들의 부모들이 겪은 조선은 가장 실감난다. 대여섯 살 때 의병이 쳐들어온다 해서 장독대에 숨었다. 또 행진하는 독립군을 따라가며 어른들이 음식 대접을 하던 일로 기억이 이어진다. 지금의 말로 의병이요 독립군이지 그 때는 똑 같이 무서운 도적 떼였다. 지방 갑부들은 종들을 풀어 용마루를 지키게 하고 화승총을 쏴대 도적을 물리쳤다. 서울진공 총대장이 부친상을 당해 물러나자 허위 장군이 뒤를 이어 분투하다 처형당한 후였다.

의병을 곱씹어 본다. 강약부동인데 누구의 어떤 승리를 원했었는가. 의병이 없어 나라가 망할 것도 아니고, 의병 있어 나라가 구해질 것도 아니었다. 1492년 콜럼버스가 신대륙을 '발견'한 이래 서양인들이 벌 떼 같이 달려들었을 때 인디언들도 대항전을 벌였다. 5000만 명이 죽었다. 처음은 옥수수, 감자, 면화, 담배 재배법을 배우며 동맹을 맺기도 했다. 이 때 선진은 탐욕의 탈을 썼다. 토벌대장 세리던은 '좋은 인디언은 모두 땅 속에 있다'고 했다.

의병을 칭송하기보다 인디언은 씨를 말려야 한다는 뜻이었다. 탐욕이라 해도 아프리카 연안은 무역이었다. 내륙으로 들어갈수록 황금에 눈이 먼 살육이 피를 뿜었다. 탐욕이 문명이고 문명은 강식인가. 인종적 우월성을 얘기한다. 말콤 X는 피부색으로 갈라섰다고 한다. 원래 흑인이 먼저였으나 탐욕이 탈색을 시도해서 백인이 되었고, 이후 유색인종은 백인의 사냥감이 되었다는 것이다. 문명이란 이렇게 우여곡절을 겪으며 진보한다.

1466년은 정음 반포의 해다. 서양에서 멀지 않았다면 벌써 '발견'돼 코리아 인디언이 되었을 것이다. 실제로 1866년 셔먼 호가 서울로 잘못 알고 대동강을 거스르다 불살라졌다. 이 때 '발견'되었다 해도 인디언은 면할 수 있었다. 이미 신대륙의 원주민이 모두 땅속에 묻혔고, 아프리카가 증오로 가득 찼으며, 필리핀도 초토화된 후였으니 배부를 만큼은 되었을 터였다. 1769년에 발견된 뉴질랜드는 원주민의 항복을 받아내고 겨우 공존의 은혜를 베풀었다.

강자들이 서로 치고 받으며 끝내 양차대전에서 서로 5000만 명을 땅에 묻었다. 이리도 긴 피보라가 이 땅을 흥건히 적실 때 하나님은 어디 계셨는가. 하나님을 믿게 하시려고 예수님을 보내시지는 않았다. 인간 욕망의 극치인 왕을 허락하시고, 다시 그 욕망을 내려놓게 하시려고 예수를 보내셨음을 알게 된다. 그러나 2000년 가까이 예수님을 두려워하지 않고 번창일로를 걸어 온 제국帝國에 편승하기 바빴던 예수님의 제자들을 이해하기 어려웠다.

물거품이 된 메이플라워 서약은 더 마음을 무겁게 했다. 침략군을 따라다니며 전도에 전념했던 형제들도 그 간난을 이겨낸 고통만큼 값지다하기 어렵다. 기원전 600년 예루살렘에서 건너온 인디언들에게 부활한 예수님이 나타나셨음을 믿으면서도 말일성도들은 그들의 신앙동산에 흑인의 접근을 막았고 유색인종을 백안시 했다. 무엇이 하나님의 뜻이며 탐욕 대신 사랑을 주신 예수님의 가르침은 언제 빛나는가. 아니면 예수님도 단순한 우상인가.

아니 하나님은 원래 없다. 환상 좋아하는 사람들의 환상일 뿐이다. 우승열패 적자생존인데 정도 이상이란 없다. 반란 막으려는 절묘한 고안에 불과하다. 그러나 하나님이 계시다는 믿음 그리하여 진보는 반드시 있다는 신념으로 추한 문명사를 딛고 우리는 여기 서 있지 않은가. 다음 세대는 더 좋은 환경에서 살게 해야 한다. 약자란 보살피라고 주신 하나님 심부름 아닌가. 인디언과 흑인을 비어두신 하나님의 뜻을 깨닫는데 사람의 지혜가 너무 느리다.

불행한 사람은 행복한 사람을 시험하시는 것 아닌가, 가난이란 넉넉한 사람을 덜게 하시려고 마련하신 바구니 아닌가, 느린 것은 하나님이 아니시다. 사람의 잣대로 하나님을 조바심해선 안 된다. 철없이 불구자와 박약아를 놀려먹던 기억이 아프다. 약한 자를 괴롭히면서 날 괴롭히는 강자는 미워했다. 공부 못하면 다들 내게 꿇을 것을 그리며 머리를 싸맸다. 이웃을 배려하고 약자를 붙들려는 마음은 없었다. 그러나 자라면서 공동체를 배운다.

공동체는 서로 편리해서 만드는 것이요 서로 편리한대로 살다보면 만들어지는 것이지, 공동체를 정해 놓고 만드는 것은 아니라는 주장을 아래로 보게끔 철이 든다. 베트남에 대한 융단 폭격을 사과만 했어도 제2, 제3의 탐욕을 자제하는 계기가 될 수 있지 않았을까. 자유라지만 많은 사람들이 공동체를 지향하는데 국가 권력은 왜 이다지도 잔인한가. 신자유주의를 내세워 약자를 궁지로 몰고 있으니 그늘진 구석에서 빛을 바라는 눈망울이 보이지 않는가.

하나님은 경쟁을 좋아하시지만 탐욕은 싫어하신다. 경쟁도 미워하신다고 믿는 사람은 하나님의 사랑이 경쟁과 탐욕 사이에 진치고 있음을 착각하는 것이다. 하나님은 물로 불로 징벌

하시다 차츰 계명으로 막으셨다. 오래 참으시는 하나님은 마침내 예수를 보내신다. 예수님이 십자가를 지고 탐욕의 근원인 권력에 대들어 피를 흘리신 자리에 인민 주권과 공화제가 싹튼다. 그러나 모든 사람이 하나님의 은혜를 받게 되기까지 갈 길은 아직 멀다.

영감들은 다시 집을 나와 구로정에 모인다. 무엇인가 잡힐 듯한 대안이 있어야 한다. 차법대 영감이 먼저 열을 올린다. 인재들의 인생관을 바꾸어야 한다. 공대를 지망했다가도 법대에 와서 강의를 들으니 법대 강의실과 도서실은 비 법대생들로 만원이다. 개나리가 되려고 기를 쓴다. 영국에서 산업혁명을 일으킨 것은 귀족이 아니었다. 평민들이 귀족이 되려고 한 짓이다. 일종의 반란이었다. 그래서 문명이 많이 약탈적이고 권력은 다시 수탈적이었다.

우리는 시험을 통하여 누구에게나 귀족이 될 수 있었기에 수재들의 반란은 한 번도 없었다. 수재들은 양반이 되기 위하여 『사서삼경』에 매달렸다. 과거가 없어지자 한성영어학교로 뛰었고, 법관 양성소로 개편되자 우르르 그리로 몰려갔다. 지금도 별반 달라진 게 없다. 다만 선거가 추가되었을 뿐이다. 그들이 주도한 발전, 소위 개발이란 특혜를 통한 재벌 형성과 모사품 대량생산 체제로 요약된다. 대기업만 잘 살고 나머지는 저부가 근근이 세상을 만든 것이다.

이제 수재들이 수재답게 반란을 일으켜 유무상통의 신문명을 창조해야 한다. 약육강식을 누리는 특권을 철폐하고 특권 관료를 몰아내야 한다. 아랫목에서 밥 먹고 윗목에서 싸지 않는 한 관권과 부딪치게 마련이지만 먼저 큰 특권과 만나는 자리에는 가지 말아야 한다. 특권 비리를 시민단체에 고발하는 등 시민운동과 긴밀히 연계해야 한다. 특권 관료들의 작폐로 인하여 고달파지는 민생과 다양한 방법으로 연대해야 한다.

기 영감 옆으로 다시 영감들이 몰려온다. 노개탄 영감이 끼어든다. 지난 시절 뜻 있다는 사람들이 노상 개탄만 하다가 세월을 다 보냈지 않는가. 다산 선생도 공직자들을 위한 전범을 만들며 울화를 달래기 바빴다. 그것도 공직을 쫓겨나와 한 일이다. 불온문서를 작성하는데 그쳐서는 안 된다. 탄식과 분노 사이로 똑같은 부패는 계속되고 있다. 선거를 전후해서 대부분이 범죄자가 되는 데도 그들은 부끄러움을 모르지 않는가.

정치자금이란 무엇인가. 영수증 써줬다고 되고, 영수증 없어도 뒤탈 안 나면 깨끗한 정치인가. 앞으로의 산업은 창의력이 판친다. 우리도 고분벽화, 석굴암, 봉덕사종에서 보면 얼개를 엮고 그림을 그리며 주물을 붓는 재주가 탁월했었다. 부패 특권의 가렴주구가 그 싹을 도려 낸 것이다. 서양 문명이 들어올 때까지 우리의 특권은 고작 지게·쟁기·고무래로 농업에 들어 누워 있었다. 농법개량, 수리시설, 전제 개혁을 외면하고 가렴주구였다.

옆에서 민운동 영감이 거든다. "그래서 시민운동밖에 없다는 거 아녀. 안 해본 게 이것밖에 없으이. 부패 특권을 몰아내지 않으면 모든 일에 열심이 나지 않아. 생산성이 주저앉는 거지. 특권에 빠져 젊은이들 마음에 드는 직장을 마련해줄 생각을 안 하니 염세주의 기세주의가 판치네." 장난리 영감이 목청을 돋군다. "시민들이 깨어나 난리를 쳐야 하네. 허나 젊은이들에게만 맡겨선 안 될 것이 또 다른 욕심으로 번지기 때문일세. 원로들이 끊아야 한다."

기중난 영감은 가만히 오랜 구상을 만지작거린다. 나실인의 집이었다. 영감들이 한데 모여 기도할 수 있는 집이다. 여생을 하나님께 바치기로 한 영감들 아닌가. 천진암 근처면 더 좋겠다. 기도하고 토론하고 시민과의 소통을 위해 사이트를 연다. 집단 행동에도 참여한다. 우리 것을 집어삼킨 세계 경제가 카지노 금융으로 비틀대고 있는 것도 큰 걱정이다. 바로 가려 해도 역시 신권력이 들어서야 한다. 천만번 고쳐먹어도 공직을 바로 세우는 일이 급하다.

3) 천지인 합일

영감들이 각자 약조대로 궁행躬行에 들어가면서 한 달에 한 번씩 만나 서로의 성과를 헤아려 보기로 했다. 첫 모임이 있던 날 깔끔하게 차려 입은 노신사가 불청객을 자처하며 아무렇지도 않게 구부정 영감과 고부랑 영감을 따라 들어선다. 영감들에게 한문을 가르치는 두날개 선생이었다. 선생이 처음 의병의 후예라 했을 때는 모두 숙연했으나 25년 미전향 장기수라 하니 대부분의 영감들은 벌레 씹은 몰골이 되었다.

고부랑 영감이 선생을 소개한다. 진천 명문가에서 태어나 『사서삼경』을 섭렵한 선생은 스무 살이 다 되어 상경했다. 신학문을 배우다 우연히 『사회발전사』 한 권을 읽고 곧 바로 사회주의 운동에 뛰어들었다. 권력 생각은 없었고 그저 노동자 농민을 위해 열심히 일하자는 결심뿐이었다. 늦둥이로 태어났지만 그의 몸 속에는 의병 막료였던 아버지의 피가 흐르고 있었다. 독학으로 완성된 그의 공산주의 이론은 꿀리지 않을 정도로 단단했다.

진천은 오래 전부터 난세를 편히 지낼 수 있는 터전으로 꼽혀 왔기에 많은 세도가들이 눈독을 들였고 도인·도사들의 출입도 만만치 않은 고장이었다. 해방이 되었을 때 심산유곡에 숨어 살던 도사들이 상투를 틀고 도포자락을 휘날리며 제천 땅 암수굴(雌雄窟)로 모여들었다. 후천 개벽을 믿는 강증산의 후예들과 정도령의 출세를 믿는 유생들이 대부분이었다. 이들은 차력借力과 둔갑술遁甲術로 많은 사람들의 눈길을 사로잡았다.

아침에 서울로 떠나 저녁에 돌아와서는 축지법을 과시했다. 1946년 늦은 봄 서울 남산에서 조각組閣을 선포하려다 신장神將이 동하지 않자 다음을 기약하며 뿔뿔이 헤어졌다. 장년의 두날개는 모든 것이 가소로웠다. 축지법으로 무엇을 할 수 있단 말인가. 겨우 진천서 서울, 서울서 공주 아닌가. 이에 비하면 사회주의 건설은 하나의 역사 법칙이요, 온 세상이 이를 필연으로 받아들일 날이 오고 있지 않은가. 그는 희망과 자신에 벅차 있었다.

그는 군정의 공산당 탄압이 시작되자 근신에 들어갔다. 6·25를 맞아 월북했고, 10년 만에 당 중앙의 부름으로 받고 남파되었다가 접선 실패로 체포되었다. 그러나 전향은 어려웠다. 청춘을 바친 항일운동이요 혹독한 고문을 견딘 사회주의 아닌가. 거기다가 그는 북에도 아내가 있고 두 아들이 있었다. 어느 가족이나 소중하기는 매한가지였다. 헤어지던 날의 애잔했던 아내의 모습. 막 말을 배우던 아들과 겨우 태어난 둘째의 얼굴이 아른거렸다.

수감 중 면회 온 가족들이 여러 번 전향을 호소했지만 그의 마음은 처연하기만 했다. 노모가 와서 대성통곡할 때는 가슴이 찢어지는 듯했다. 그 모습 그대로 꿈에도 자주 나타나셨다. 그 때마다 그는 크게 울었다. 처음 통일되면 기꺼이 물러나겠노라던 북의 아내가 아희들을 떠올리며 호적에 올려달라고 흐느낄 때 그는 처음 크게 울었고, 아기자기하게 살만큼 되었을 때 남에 내려가라는 지시가 떨어져 아내와 부둥켜 앉고 또 크게 울었다.

고 영감의 설명은 어느새 열변으로 끝났다. 이번만이 아닌 듯

달변이었다. 두날개 선생은 겸연쩍은 듯 말문을 열었다. "교도소에서 10여 년 간 사회주의를 지켰다. 그러나 차츰 미제의 식민지 남반부가 연이어 개발 계획에 성공하고 인민생활이 활기를 띠고 있음을 알게 되면서 깊은 고뇌에 빠졌다. 고향 마을에 모여들었던 축지법을 나도 모르게 믿었던 게 아닌가." 축지법을 황당하게 여긴 선생의 축천법縮天法도 기실 또 하나의 축지법이었다.

선생의 번민은 미칠 듯이 책을 읽었다. 양의 동서를 넘나들며 여러 가지 생각들을 파악하고 비교했다. 동으로 가면 서에, 서로 가도 동에 이른다. 하늘은 동서로 갈려 있지 않다. 높은 정신, 큰 지혜, 큰 생각은 동·서양이 같다. 공자는 아는 것과 모르는 것을 정확히 아는 것이 진실로 아는 것이라 했고, 소크라테스는 내가 오직 아는 것은 모른다는 것이라 했다. 솔론은 도를 넘지 말라 했고, 논어는 지나친 것은 모자람과 같다고 했다.

미수米壽를 바라보는 두 노인이 하늘과 땅, 좌와 우, 남과 북, 생과 사, 동과 서를 가로지르며 탐구와 천착, 침잠과 회의, 회한과 좌절 끝에 토해 내는 희망의 얘기에 영감들은 그럴 듯이 솔깃해진다. "대접받고자 하는 대로 남을 대접하라는 기독교의 황금률은 『논어』에도 『중용』에도 나온다. 남이 싫은 것을 행하지 말라도 있다. 그렇다고 이것들이 죄다 허망한 것은 아니다. 그런 것들이 기초가 되어 새로운 율법이 세워지기 때문이다."

자기를 소개해 준 고 영감에 화답하듯 두 노인은 이렇게 대충 자기의 전향서를 낭독했다. 그리고는 호기好機 왕자 생떽쥐베리와 그를 만나기 위해 대서양을 건너던 콩쉬엘로의 수기를 읽었다고 했다. 선상에서 전개되는 남미의 사치는 혀를 내두를 지경이었다. 파리의 보석과 향수를 자랑하는 여인들이 우글거렸다. 죽은 자의 이빨로 보철을 하는가 하면, 비만치료를 받으며 지루한 항해를 잊기 위해 변해 가는 몸매를 자랑했다.

나이 먹은 부인들이 더 극성을 부리고 코와 눈 성형에 열을 올렸다. 관세를 덜 내려고 매일매일 새 옷을 입고 나와 헌 옷을 만들었다. 1930년 대공황 직전이었다. 사람의 욕심은 이런 것인데 어떻게 이것을 죄악시하고 막는단 말인가. 사회주의도 좋고 공산주의도 좋으나 누구도 이런 향락을 골고루 누리게 할 수는 없을 것이었다. 사람의 본능적 욕심에 기초한 자본주의가 몇 번의 고비를 넘겼지만 아직도 번창하는 것은 그 기초가 든든하기 때문이다.

다만 문학·예술·철학은 물론이요, 모든 문명의 이기利器까지 사람의 생각이란 끊임없이 적립되고 바뀌어 나간다. 무어나 시몽의 이상향, 푸루동과 바쿠닌의 무정부가 그랬고 또 공산주의도 있었기에 자본주의도 강해졌다. 해방 공간에서 많은 사람들이 친일을 증오했고 또 단정單政을 반대했다. 많이 죽었고 많이 북으로 갔다. 또 많이 남아 시장경제와 민주를 일구어 냈다. 옳다는 것은 무엇인가. 결국 결과 아닌가.

두 선생은 북한이 남침을 했으니 용서하기는 쉽지 않을 것이라 했다. 그러나 1950년으로 돌아가면 GNP 50불도 안 되었던 남한도 북한도 미·소의 꼭두각시였다. 소련이 무기를 대고 남침하라 했다. 북한은 북침이라 우기지만 언젠가 사과할 것이다. 그러나 다그쳐서는 안 된다. 낙원을 건설한다고 반 백년을 설친 땅 아닌가. 지금 사회주의는 고작 빵이었다. 그것조차 참담하게 무너지고 남은 것은 알량맞은 자존심뿐이다. 그걸 가지고 무얼 하겠는가.

그들은 축지법을 고쳐먹지만 선생은 다 끝났다는 생각이다. 다만 유럽은 다른 민족끼리도 통합한다고 법석을 떨며 미국은 다른 인종과도 손잡는다. 세계화는 지금 어떤 모습으로 진행되고 있는가. 누가 밑그림을 그리는가. 미국인가 아니면 그 배후에 정말 세계 권력을 꿈꾸는 프리메이슨이 있는가. 문명의 충돌을 기독교와 이슬람으로 보지만 두 가지는 같은 뿌리에서 나왔다. 그래서 선생은 진정한 문명 충돌이 동·서양 간에 일어난다고 본다.

그러나 아직은 세계화 시대다. 이는 메이슨의 오랜 꿈이다. 9·11은 그 꿈을 공격했다. 그 수법은 아마데라스(동방의 빛)의 도코타이(自殺特攻隊)다. 제정 러시아의 예언자 블라바츠키는 아마데라스가 중국에 있다고 했지만, 사실은 천자天子의 나라가 아니라 천황天皇의 나라다. 일본의 신정군국神政軍國이 한 때 대동아를 꿈꾸며 또 다른 세계 군국 메이슨에 대들었고,

지금 이슬람 군국들이 이를 모방하여 메이슨과 싸운다. 싸움은 중국의 중재로 화해에 들어 설 것이나 중국은 세계 질서를 꾸밀만한 역사적 밑천이 없다. 한국이 이를 대주어야 한다. 조선족만큼 오랫동안 사랑과 평화를 지켜온 나라가 없기 때문이다. 다만 세계를 비추기 위해서는 아마데라스가 군국의 옷을 벗고 조선으로 건너와야 한다. 그래서 조선반도의 통일은 조선이 세계 평화의 발전소가 되는 필수적 기반 공사다. 다만 조선의 꿈을 세계에 펼치려면 그 꿈이 야무져야 한다.

조선 꿈의 원천은 평화로운 농사 마을에 있다. 이를 상징하는 밝은 달(박달)이 하늘 높이 떠 있다. 그 공동체가 산업사회의 공동체로 탈바꿈해야 한다. 프리메이슨이 세계화의 과제를 중국에 넘기면 통일 조선이 문명의 충돌을 막으며 세계화를 정착시키게 될 것이다. 대한의 임무는 무겁다. 대한민국은 시시하지 않게 태어났다. 미국이 남한을 해방시킨 때로부터 잉태된 것이다. 많은 고난 끝에 그 개벽의 시기가 무르익고 있다. 준비를 서둘러야 한다.

노인은 다급하다. 기중난 영감이 천진암 기도회를 묻는다. 고·구 영감으로부터 잘 들었겠지만 어떻게 보고 있는지가 궁금했다. 들고 나갈 공동체가 무너졌으니 무엇보다 그 복원이 우선이다. 빈부 격차요 청년 실업이요 지역 불균형이요. 그러나 조선조식 공직자 가지고는 아무것도 안 된다. 영감들이 제대로 짚었기에 오늘 여기 온 것 아닌가. 선생은 개벽의 문을 찾은 듯 실로 감개무량한 표정이었다. 영감들 모두 주름살이 달아올라 여생의 결의를 다진다.

　누가 이 일을 할고. 누가 이 일에 앞장 설고. 자나깨나 돋보기를 끼고 사방을 두리번거리던 두날개 노인. 100여 년 전에 진인을 기다리던 암수굴의 도사들과 무엇이 다르랴 할 수도 있지만, 노인의 호루스(광명 또는 全視眼)가 피 말리고 뼈 깎으며 찾아낸 천진암에서 노인은 안도하듯 또 애원하듯 기중난 영감을 대견하게 바라본다. 눈시울에 눈물이 가득 채워진다. 나머지 영감들이 두 노인의 충정을 읽어가며 마른 주먹에 힘을 준다.

　순간 천진암이 멀리 암수굴을 향해 잔잔한 추파를 보내고 있었다.

3. 촛불에 타오르는 한국 근대화

두날개 선생이 25년 장기수로 있을 때 10년 가까이 『사서삼경』을 가르쳤던 제자. 20년 아래였지만 통일 혁명의 의지가 남달랐던 그와는 비슷한 시기에 출소하여 사제 간의 돈독한 의리를 이어온 터였다. 천진암에서 의인들을 만난 기쁨이 채 가시기도 전에, 아니 그 벅찬 기쁨을 소상히 나누려던 참에 그의 부음을 듣는다. 이 무슨 청천벽력인가. 내가 먼저 갔어야 하는 건데 아쉬움이 절절했지만, 내가 그와 함께 구상했던 조국 근대화의 방향은 공저로 출간할 만큼 완성되어 있었기에 유족의 양해를 얻어 출판 준비에 나선다. 먼저 그와 함께 밤을 패가며 토론했던 내용의 대강을 적어본다.

가. 손쉬운 공안정국

1) 더 이상 공안정국으론 안 된다. 얼마나 많은 젊은이들이 희

생되었고 희생되고 있는가. 그래도 여전히 공안정국 불가 피인가. 소위 유신 전 많은 정치인들이 공산 북한이 있는 한 불가피하다고 서명했으며, 그들이 아직도 여야 정치의 핵으로 잠재하고 있지 않은가. 공안정국을 데모, 야당 탄압 으로만 알고 있지만 공안정국이면 모든 행정기관 특히 권 력기관은 때를 만난 듯 기승을 부리며 끽소리 못하는 국민 위에 부패 특권은 온존 번창하게 마련이다.

2) 지금 국민의 입 속에 넣어야 하는 것은 복지를 비롯한 재분 분배뿐인데, 달리 배불릴 방법이 있는 듯 전문가들이 날뛰 고 정부가 기업 편만 들어주면 경제가 나아질 듯 설치고 있 다. 경제가 원천적인 재단 잘못(모방 기술에 의한 수입 원 기자재 가공활용, 대 물량 시설 과잉투자 등)으로 성장 한 계점에 와 있는데 정치권은 오히려 국제 분업이라 자랑하 기 바쁘다. 제국과 식민의 분업인가. 부국과 빈국, 기술 종 주와 저임종속, 기업주와 노동자의 분업 말인가.

3) 당장 부를 헐어 가난한 국민을 살리고 권력을 둘러싼 검은 돈벌이를 차단해 정상 소득으로 살아가는 많은 국민들의 불만과 분노를 삭여야 한다. 전문직·기술직·연구직에 희망 을 거는 인재들이 몰리도록 해 신기술·신제품 개발을 서둘 러 성장 동력을 새로 확보해야 한다. 기초가 든든하다니.

펀더멘탈이란 무엇인가. 국민 고통의 안보적 방색으로 부패 특권은 만만세란 말인가. 우승열패의 시대착오적 오기들이 만연해서는 나라 경제의 회생은 불가능하다.

4) 자칫 3포, 5포 끝에 우울 자살로 생을 마감하는 젊은이가 점점 늘어나는 지옥 세상이 다가올까 겁이 난다. 겨우 살아난 인재들도 적성에 안 맞는 직장 또는 불안한 임시직으로 끝내 좌절하게 된다면, 또한 승자들의 갑질이 약자들의 살맛을 앗아간다면, 나아가 인문직 우대 이공기술직 하대 등의 구태가 젊은 시야를 가로막는다면, 오늘의 난국은 헤어나기 힘들 것이다. 실로 유능한 지도자들이 갈망되는 이유다.

5) 과거에도 반복되었듯이 위기의식 대오각성이 절실한 때 어김없이 나타나 증오 열기를 부추기는 애국 단체들, 우국 세력들. 그리고 은근히 이들 우군을 의지하고 힘을 얻는 소위 보수 정치인 지식인들. 대저 이들은 어디에서 비롯되어 여기까지 왔으며 또 어떻게 또 언제까지 나라의 앞날을 가로막을 것인가 지극히 우려된다. 한 세기 이상 세상을 휘젓고 다닌 공산 망령 탓인가. 형제 간 피를 부추긴 지도 어언 70년 아닌가.

6) 한마디로 망령이 불러들인 미군 주둔 때문이다. 주둔군의

정당성 확보는 적대 지속 강화다. 그 하부구조에 우리 군부가 자리 잡는다. 또 그 하부구조로 무찌르자 공산당 국민개병제가 순혈 충성을 고창한다. 이 공고한 안보 체제를 흔들기는 불가능하다. 이 나라의 모든 의식구조 특히 엘리트들의 탁월한 판단력은 모두 이 기초 위에 서식하거나 기식한다. 개성공단 폐쇄가 있자 바로 미 국무성 지지 성명이 나오지 않나.

7) 우리는 패전국이다. 아니 그보다 못한 그 속국에 불과하다. 승전국에 점령당한 우린 그 군사 연습장이 되었다. 해방의 감격은 우릴 청맹관으로 만들었다. 동족상잔은 우릴 까맣게 덧칠하고 재를 뿌렸다. 민주화의 요구를 끊임없이 좌절시키는 기제도 바로 이에 연유한다. 끊임없는 군사 문화의 보급이요 군사 통치의 유혹이다. 이 어려운 상황을 극복하기에 어떤 천운조화를 기다려야 할 판이다. 이 운명을 어찌 극복할 것인가.

8) 이렇게 한국의 파시즘은 배냇병이다. 아니 제일 생각 없는 편한 선택의 길을 열어준다. 지금 평택기지 주변은 희망과 기대가 넘쳐난다. 연일 투자 안내와 투기 안내가 열병합이다. 노다지 환락과 퇴폐가 독버섯처럼 기고만장해도 누가 이를 부타할 수 있겠는가. 길지 않은 세상 짧은 인생인

데 한번 쪼(죄)는 맛도 있어야 하고, 현란한 조명발에 벌어지는 화끈한 스트립을 마다 할 도사 드물다. 파시즘은 빛난다.

9) 한국이 더 이상 외골수 극우로 가면 엉뚱한 길로 빠질 수 있다. 전혀 생각도 못하게 일본에 먹히든지 북한에 먹히든지. 안 그러려고 안간힘을 쓰는 지사들이 곧 많이 용틀임을 하고 있는데 다 잡혀갈까 걱정된다. 그게 파시즘이니까. 애써 살 길을 찾아줘도 자꾸 죽는 길로 가는 게 파시즘 아닌가. 조선은 충신이 많이 나는 지령이라 했다. 유령을 쫓고 나라를 구해주지 않겠는가. 그 막연한 기대가 또 고작인가.

10) 낙동강 오리알이 안 되려면 스탠스를 180도로 바꾸어 북한과 독자적인 딜을 할 각오가 되어야 한다. 결국 한국의 그 많은 브레인들이 헛똑똑이 될 수밖에 없는 상황을 벗어나야 한다. 지금이라도 해방 이래의 한반도 정세 변화에 대한 근본적 인식 전환이 있어야 그나마 뒷북치는 짓이라도 면할 수 있다. 지금이라도 북핵 미사일 시비 걸지 말고 그 시간에 백성을 편히 먹여 살릴 기술 개발에 전념토록 해야 한다.

11) 옛날 평화 통일이 사형감이었다. 사형은 간첩죄라는 공안

죄목이었지만서도. 정치 보복으로 죽임을 당하는 일은 자기가 마지막이길 유언했던 죽산의 기대와 달리 이어서 나온 반공국시 제일의 5·16은 민주 자주 통일꾼들을 줄줄이 처형했다. 연기 깔린 저녁 길 도깨비 그림자들이 죽산의 장례 행렬을 뒤따르는 모습을 전봇대 뒤에 숨어 보던 시인은 소리 없이 울었지만 민자통 때는 그런 눈물조차 말라버렸다. 그리고는 경제개발 신호탄이 쏴 올랐다.

나. 쉽지 않은 창의력

1) 지금이라도 북핵 미사일 시비 걸지 말고 그 시간에 기술 개발에 전념해야 한다. 공단 폐쇄라니, 이 무슨 19세기적 대거린가. 우린 그럴 시간적 여유가 없다. 북한은 꿈쩍도 않는다. 나란데 돈 몇 푼으로 그 엄청난 짓을 그치겠는가. 또 북풍인가. 그래서 표 끌어 모으면 뭐하겠는가. 문제는 경제다. 신기술·신제품이라야 경제가 살고 자살공화국을 면한다. 옆 사람 픽픽 쓰러지는데 매일 북한 위협만 들먹이며 고대광실에서 축포만 터뜨리는가.

2) 신기술이란 정신적 자유, 즉 안심·안정·안전 보장 등이 필수조건이다. 장래 불안, 지시 명령식 사회구조나 단기이익

중시, 독촉 경영 가지고는 안 된다. 기술연구원들이 공동체에 기여한다는 자부심·자족심을 갖고 기도로 하루를 열게 해야 한다. 하다못해 구소련도 GE·GM의 연구 매뉴얼로 군사 과학자들을 관리해서 미국과 경쟁할 수 있었다 하잖나. 에디슨의 왕성한 발명도 영리회사 설립 후에는 한 건도 없었다 하잖나.

3) 우리식이여야지 북한식으로 넘어가면 안 된다. 깨놓고 얘기하자. 오늘 북한이 핵 딜레마에 빠진 것도, 남한이 남의 자본, 남의 기술을 허겁지겁 들여다 불공정하게 배급한 업보로 오늘의 허약한 경제가 된 것도 민족공동체 과소평가 때문이다. 창의력, 기업가 정신 모두 공동체 정신이다. 그간 우리 기업인은 그런 훈련을 받지 못했다. 줄 잘 잡고 돈 잘 지르는 수법이 대재벌 요령이었다. 협잡이었다. 권력 눈치 보느라 장래 내다볼 경쟁력 엄두나 냈겠는가.

4) 이젠 산업적 치열성이다. 기술 개발 창조 경제라지만 구호로 될 일은 아니다. 응원으로 될 일은 더 아니다. 국민을 줄로 세워 행진 시키는 경제 운용은 끝났다. 각자 자기 집(정신적·정서적·안정적·자존적 울타리)에서 입맛에 맞는 밥 먹으며 그 소속감·인정감 속에서라야 창조가 만발한다. 주변에 눈꼴 틀리는 일도 적어야 한다. 얼마나 어려운 과업인

가. 거기에 그간의 조성된 생산재(소재·부품·장비) 도입 타성까지 있으니 어쩌랴.

5) 그런데 지금 창조를 말하면서 전쟁이라니. 재갈을 물려 망한 경제에 다시 수갑을 채우는 격이다. 진보요 통일이요 하다 공동체를 바로 세우자는 부르짖음인데, 그래서 그들이 다 재심 무죄된 오늘인데, 다시 일사불란 공작 통일(북한 전복 궤멸)을 내세우면 거꾸로 가자는 얘긴가. 어떻게 해서든지 화합이 절실한 시점에서 총칼을 빼드니 안타깝다. 우리 경제는 국민 모두의 창의성 쟁발이 절실한데, 그럴려면 모든 긴장을 풀어야 한다.

6) 창의력이란 총칼로는 안 된다. 집념만으로도 안 된다. 정신력을 그렇게 챙기는 일본의 열혈 청년 노구찌도 노벨상에 초조하다 결국 천 엔 권의 초상화로 만족해야 했다. 죄수, 노예 해방 시켜준대도 어림없다. 각자 능력을 최고로 발휘케 하는 환경 조성. 나라 가족 같은 공동체를 생각하며 그 소속감·인정감으로 늘 연구열을 충전시켜야 한다. 전화위복이랄까. 우리 경제 살 길인 민주·평화·평등이니 말이다.

7) 6·29가 필요한 게 아니라 그 열 배 60·29가 필요하다. 공동체 의식은 이제 서막에 불과하다. 또 천만다행인 것은 북

한 사정이다. 기를 써 봤지만 도리 없이 개방이다. 대미 수교 후 들뜬 쿠바를 보자. 남북도 지금 혼인 적령기를 맞고 있다. 우리가 먼저 손을 내밀어야 한다. 바야흐로 남북이 진정한 공동체를 향해 달려갈 때가 온 것이다. 떳떳하게 세계와 어깨를 겨룰 기회다. 여기에 아직도 큰 장애가 되는 게 반공 이데올로기다. 반공으로 뭘 먹겠단 말인가.

8) 창조경제는 공동체를 바탕으로 해야 만발한다. 우리의 최대 과제 99:1도 공동체의식 없이는 그 완화가 불가능하다. 누가 순순히 내놓겠는가. 파이만 먼저 키우면 안 된다는 경고가 있었지만 우리는 이를 무시했다. 우리 사회의 점점 예민해지는 대립각은 이 때문이다. 증오와 적개심이 창조력을 갉아먹는다는 영성대가 에버그리오스의 단언을 상기하자. 남북 간에 조성된 적개심 말고 그만한 적개심 어디 또 있는가. 특히 동족 간이니 천추의 한 아니겠는가.

9) 그래도 용서·화해·배려가 꿈꾸는 공동체는 민족공동체가 제일 첩경이다. 세계 여러 나라가 민족을 기반으로 하는 이유다. 독일이 통일을 그렇게 열망했고, 베트남은 민족이 궤멸할 정도로 수난을 겪었다. 잡탕들이 모여 양질의 공동체를 이룩한 나라는 미국이 유일하다. 그래도 모국의 힘, 종교의 힘이 바탕이었다. 그러나 아직 실험은 끝나지 않았다.

더욱이 우리는 민족을 놔두고 더 헤매다 간 공도동망일 뿐이다.

다. 북핵 미사일

1) 북한 위협은 상존해 왔다. 북핵 미사일로 우리 안보가 더 위협받지 않는다. 북한이 또 남침하겠는가. 설마 하지 말라지만 이것은 과학이다. 디포르마시옹이라고나 할까. 현실을 되돌아보지 않고는 속내에 안개가 껴 있다. 먼저 미국의 군사적 민낯을 보려면 목숨을 각오해야 한다. 혼자 탐사보도 전문지를 발행했던 스톤은 다행히 살아남아 많은 언론인의 사표가 되고 있다. 그러나 그의 역작 『한국전쟁비사』는 아직도 의문이 밝혀지지 않은 채 오늘에 이르고 있다.

2) 정보기관과 관계가 있던 이리유카바와 하리마오가 다시 야담 수준으로 뒤를 밟았지만 아직도 진실은 많이 묻혀 있는 듯하다. 일본 전문가들은 스탈린의 동서 균형 전략, 즉 서구에 대한 미국의 압력을 약화시킬 목적으로 남침을 계획했다. 반대로 소련의 베를린 봉쇄를 뚫기 위해 미국이 극동에 불을 질렀다 등등. 또 개전 책임은 서로 전가하기 마련. 전쟁 손익계산상 이득을 많이 본 측이 주범이다(오오모리

의 『전후비사』)

3) 요즘 밝혀진 대로 북한 수뇌부는 미국 개입 과소평가했다. 미국이 참전하자마자 허겁지겁 소련 고문단의 증파를 간청했다니 속은 것 아닌가. 미국을 잘 아는 한국이 오히려 일본에 망명정부를 준비했다니 웬일인가. 약소국은 늘 가루거리는 게 강대국이다. 지금 한반도는 미·중 사이에 있다. 이러지도 저러지도 못하는 형국이다. 북은 핵미사일로, 남은 사드로 으르렁거리는 사이 피 보는 것은 백성들이다. 북은 피폐해지고 남은 무기 사오기 바쁘다.

4) 그래서 북핵을 재평가하게 된다. 곪아야 터진다 또는 저질러 놓고 보자는 심보일 수 있다. 그러나 저 세 끼도 어려운 실정인데, 저걸 만드는 걸 단지 무모한 명 재촉으로만 봐야 할까. 처음엔 미국과 짜고 치는 고스톱으로도 점쳐 봤다. 언젠가 북한을 끌어들여 손 안대고 중국 턱 밑에 핵을 장치할 수 있다는 생각 말이다. 아니면 미·중이 고강도로 압박할 때는 극동 평화의 교두보를 자임하고 나서지 않겠는가.

5) 하루 빨리 남북이 자주성을 확보해야 한다. 사드에 대하여도 할 말은 하자. 북핵은 우리 책임이 아니다. 미국의 봉쇄정책 때문이다. 어떻게 해서든 미국이 해결해야 한다. 한반

도 평화는 남북협상 대상이 아니다. 우리 운명이다. 그렇다고 손 놓고 있을 순 없다. 먼저 강대국에 놀아나 서로 원수가 되었음을 통탄해야 한다. 우리의 이런 문제의식을 바탕으로 차원 높은 민관 외교전 펼쳐야 한다. 민족 문제를 놔두고는 어떤 형태의 공동체 시도도 허사임이 증명됐다.

6) 분단이 남북 발전에 도움이 된다거나 부정부패가 경제 발전에 윤활유 역할을 한다고. 또 고도성장을 위해 민주가 유보돼야 한다는 헛소리가 있었다. 그러나 사람은 자유 평등 평화 공동체 내에서 살아야 제대로 능력을 발휘하고 행복하다. 어떤 탁월한 지도자도 자유 정의가 넘치는 그런 공동체는 만들기 쉽지 않다. 민족공동체 건설은 오랜 문화 전통을 함께 하기에 가장 적은 비용으로 많은 사람이 만족하는 공동체를 달성할 수 있는 첩경이다.

라. 의열지사

1) 의열지사는 가장 설득력 있는 정론이다. 살아있는 사설이요 논설이다. 때론 호외요 전단이다. 의회주의에서의 선거란 인기인이 선발되듯 대중 영합적 선전선동이 판을 치고, 막대한 선거자금 등으로 인해 어떤 인재가 정치적 소신과

주장만으로 정치 무대에 오르기 매우 힘들다. 우리의 오랜 관존 출세 문화에서는 자연 고관, 검·판사와 그들을 끼고 치부한 상인들의 독차지가 된다. 이 나라에 정치를 정도로 몰고 갈 강력한 여론이 절실한 이유다.

2) 해방 전 우리 민족의 최대 관심사는 독립이었다. 많은 독립 투사들이 활약했다. 해방이 되자 조국의 운명은 다시 풍전 등화였다. 분단 방색을 위해 독립 투쟁은 재연되었다. 백범, 우사, 몽양이 앞장섰다. 6·25 이후에는 다시 남북 화해 평화 통일이었으니, 죽산이 대표로 희생된 이래 민자통 인사들이 된서리를 맞았다. 미완의 통일을 열망하며 청년 학생들의 투쟁이 민주화를 연결고리로 면면히 이어지면서 희생도 적지 않았다.

3) 평화 통일이 사형감이었던 시절에 비하면 지금은 통일부도 건재하여 죽음을 두려워하지는 않는다. 정치 보복으로 죽임을 당하는 일은 자기가 마지막이길 유언했던 죽산 이후 30년이 지나서였다. 그간에도 반공국시 제일의 5·16은 민주 통일꾼들을 줄줄이 탄압했다. 북한에 대한 증오심은 줄곧 미만해왔지만 군부 통치는 통일 논의를 간접 침략으로 형해화하는 여러 가지 기제를 작동시켜 오늘까지 숨을 죽이게 한다. 민주화는 상미 성공이다.

4) 혁명가는 탄생하고 혁명아는 육성된다. 혁명가는 혁명정신
의 궁극적 승리를 믿지만 당대 혁명의 성공을 자신하지는
않는다. 혁명아는 오히려 당대 혁명을 완수하려 최선을 다
한다. 혁명가는 목숨을 잃을 준비가 돼 있지만 혁명아는 불
편한 출세를 감수한다. 다들 영웅주의로 매도당할지라도
그들은 드높은 혁명 정신을 자랑한다. 빨치산은 혁명가를
부르며 죽는다고 했다. 혁명아가 잘못 걸려 형장으로 들어
갈 때 하늘을 보고 땅을 본다 했다.

5) 죽산이 사형당한 지 2년. 민족일보를 발행하다 겨우 서른
한 살에 목숨을 잃은 조용수는 도피할 기회가 여러 번 있었
음을 아쉬워하며 숨을 쉽게 거두지 못했다. 억울한 죽음이
니 어찌 하늘 원망 안 들겠으며 땅이라도 치고 싶지 않겠는
가. 무심한 죽음은 계속됐고 수십 년 만에 많은 사법 살인
이 신원되었다. 몇 푼 보상금으로 그 억울한 죽음이 풀리겠
는가. 또 누가 죗값을 대신하랴. 쉽게 후진적이라 하지만
또 누가 알랴. 반복되지 말란 법 있는가.

6) 대저 사람 몸의 세포는 수십 억 개나 된다. 그 많은 세포들
이 한 사람의 혁명가를 내기 위해 정렬하기까지는 여러 의
열지사들의 외침이 교직되는 과정을 거쳐야 한다. 그러나
어느 특수한 시기, 특수한 사람들에겐 혁명정신이 기질적

으로 단순 빠르게 정합된다. 열혈청년이다. 북풍이 살을 에
는데 내 피는 끓어오른다고 하신 안중근. 동학 패잔장 백범
이 보기에 안진사댁 장남은 열다섯에 이미 동네 청년들과
총을 쏘고 다녔다.

7) 명문 출신 이범석. 자기를 업어 키운 칠복이가 군대 해산
때 일군 총에 맞아죽자 항일 결의가 불붙는다. 상륙작전 중
찢겨진 살점 하나라도 조국 해안에 닿는다면 여한이 없겠
다고 토로한 철기장군. 장군의 연설집 『민족과 나』 그 머리
에 필리핀 독립 영웅 리잘의 초개같은 절명시가 소개되기
도 한다. 열 살 남짓에 해방을 맞은 소년들 가슴 가슴에도
애국심은 들끓었다. 쏟아지는 독립혈루사가 젊은이들을 조
국의 방패로 주조하고 있었다.

8) 그러나 조국은 끝내 분단되고 우려했던 동족상잔이 있었다.
처음 평화로운 강토를 피바다로 만든 공산당을 증오했으나
차츰 그들이 소련과 중공의 지시를 거역할 수 있었겠나. 초
토화된 북한을 들으면서 약소민족의 비애를 거두지 못한
다. 대학에 들어와 탁 트인 하늘로 무엇인가를 크게 외치고
싶은 충동. 통일은 언제 어떻게 이룰 것이며, 민족 간 증오
대결은 누굴 위한 것인가. 삼삼오오 항일 선배들처럼 독서
회도 가지며 오늘에 이른다.

9) 평화 통일만이 살 길이다. 더러는 사화주의다. 아니 사회
  민주주의다. 모두 혁명가가 돼가고 있었다. 해방 때 대여
  섯 살이었지만 주위 환경 탓으로 독립 열기에 민감했던 사
  람들도 꽤 되었다. 사형을 당하거나 감형되어 사회활동을
  재개한 의인도 있다. 재심 무죄가 되었으나 이미 폐인이 된
  의인도 있다. 의인이라 꼭 거창할 필요는 없다. 자유·민주·
  평등·평화·통일로 가기만 하면. 그러나 끈질겨야 뒤끝이
  있다.

10) 모두 풀릴 수 없는 문제를 꿈꾸고 있는가. 감옥은 예편이
  요 출옥은 현역이라 했던 혁명가. 처형장으로 가면서도 우
  는 후배에게 원수를 증오하라 호통쳤다. 열혈 청년을 일깨
  울 꺼리가 있는 한 혁명가는 끊임없이 생산된다. 사람들이
  사람답게 사는 길을 모색하다 보면 이런 저런 공동체로 향
  하게 마련이다. 가장 쉽고 비용이 적게 드는 민족공동체.
  같은 언어 같은 문화를 바탕으로 하기 때문이다. 역사가 일
  천하면 기둥을 세우기 더 어렵다.

11) 그래서 통일이요, 통일을 위한 의열지사가 계기한다. 조선
  의 지령이 많은 충신을 배출한다잖는가. 오늘도 우리에게
  가르침은 범람한다. 그 가르침은 유장하고 유구하다. 배운
  게 죄란 말이 있다. 의를 구하려면 때론 죄도 감수해야 한

다. 100여 년 전 매천은 지식인으로 견디기 어려운 상황을 죽음으로 버렸다. 버린다고 버려지는 게 아닌 줄 알면서도. 합방을 주도한 사람들에겐 별 미친 짓이었다. 지금도 합방이 여전하다면 어쩔 건가.

12) 민주화를 위해서 목숨을 바친 학생들, 사법 살인 당한 지식인들. 육체적·정신적 고문으로 후유증에 시달리거나 시달리다 죽은 지식인들. 쉽게 극복할 수 없는 엄중한 상황임에 생각이 못 미칠 수도 있었다. 그 많은 희생을 생각하면 왜 회한이 없겠고 가슴 아프지 않겠는가. 우린 패전국이다. 패전국만도 못한 그 속국이다. 결과적으로 미군 점령지가 되었고, 본토보다 못한 군사 연습장이라는 인식에 이르지 못할 만큼 해방의 감격은 컸다.

13) 우리의 순진한 민주화 요구. 그 욕구를 끊임없이 위협하고 좌절시키는 기제가 바로 남북 원한 적대 관계. 그 국민개병제. 강력히 구축된 군사 요새 또 이와 직간접으로 연계된 주둔사령부. 알기도 어렵거니와 쉽게 발설할 수도 없는 기제에 그저 감탄·탄복하고, 그 오묘 미묘 복잡하게 얽힌 상황을 탄식할 길 밖에 없으니 안타까울 뿐이다. 이를 풀지 않고는 우리끼리 아무리 발버둥쳐도 남북 문제 해결은 불가능하고 또한 민생경제도 가망 없으니 어쩌랴.

14) 일제 때 일제가 쉽게 또는 언제 물러가느냐 기대하는 사람
은 없었다. 독립운동에 뛰어든 선열들도 매한가지였다. 지
식인들, 동경 유학생들이 2·8 독립선언을 열창하면서도 그
걸로 일제가 조선을 풀어 주리라 아무도 기대하지 않았다.
일부 사회주의계가 해방까지 감옥을 지켰지만 차라리 감옥
에서 최후를 기다렸을 뿐이다. 춘원은 일본이 이렇게 쉽게
물러날 줄 몰랐다고 실토했고, 많은 운동가들도 한때의 결
기를 후회했다.

15) 그래도 끊임없이 젊은 지식인을 부추긴 것은 역사였고 의
열지사였다. 독립이 쉽게 된다는 게 아니다. 죽어서 조상
의 얼굴을 떳떳이 보기 위해, 우리의 선열을 부끄럽게 대하
지 않기 위해, 아니 또 쉽게 인간답게 살기 위해. 지금도 세
계 도처에서 의를 구하고 구하다 죽임을 당한 사람들은 계
기한다. 물론 지내 놓고 되물으면 어찌 후회와 회한이 없는
가. 그러니 이걸 하느님의 뜻이라고 할 밖에. 독립운동을
계산으로 했다면 천천재 아니겠는가.

16) 우리의 자유·평등·민주화 요구는 우리만의 요구가 아니라
인류 발전 단계의 한 국면이다. 그런데 문제는 우리만의 질
곡이 있으니, 끊임없는 군사 문화의 보급이요 군사 통치의
유혹이다. 일제 패망 같은 대사변이 없이는 극복되기 어려

운 상황이기에 어떤 그런 천운의 조화를 기다릴 수밖에 없다. 스스로 돕는 자를 돕는다고 하지만 위안의 말씀이다. 일제 야욕이나 나치 만행을 삼제하고 나선 정의의 사도이기에 더 어렵다.

17) 지난 민주정권을 잃어버린 10년으로 치부하고 나설 때부터 이미 군사정권의 유혹이 날름거렸다. 박근혜의 대북 압박 종북세력 척결, 반공 역사 교육 강화 뭐 뻔한 수순 아닌가. 요즘 야당이 무슨 정권 교체를 호소하지만 철이 지난 대중사거나 아니면 뭘 모르거나. 아니 북한 현 정권이 망해도 또 다른 적을 내세울 것이며, 자연 미군이 또 뒷받침되지 않겠는가, 지식인이 할 일이 천운을 기다리는 것이라면 자존심 상하겠지만 어쩌랴.

18) 그러나 과학은 과학이다. 괴로워도 불치병이라면 믿어야 한다. 오히려 과학이 아니라면 달리 과학을 내세워 솟아날 구멍을 찾는 게 현명할 것이다. 무슨 민란을 생각하기는 쉽지만 기대하긴 어렵다. 군부 통치와 같은 독재 하에서도 민생을 보듬는 여러 계책을 꾸리는 것이 필요한 이유다. 혁명가와의 끊임없는 교감이 있을 터이니 말이다. 혁명가도 혁명의 성공을 꿈꾸기보다 그 심복들의 범람이 꿈일 것이기 때문이다.

19) 조국을 버리려는 젊음을 한 줌도 안 되는 불만 세력으로
    본다. 민생고를 외면한 소영웅들이 해결사를 자처하고 다
    니며 하는 소리다. 그래서 혁명가들이 나서야 한다. 여러
    모습으로 강화되는 공안정국과의 대결을 선언해야 한다.
    다수 행복의 길은 공동체요 그 민족공동체가 첩경이다. 우
    릴 둘러싼 대결과 증오의 전운을 걷어내야 한다. 대선에 기
    대하지 말자. 혁명은 꾸준히 준비하는 자의 몫이다. 꿈꾸는
    자여, 현명할 지어다.

마. 공동체

1) 국민이 골고루 행복해야 한다는 생각이 바로 공동체 의식
   이다. 오늘의 주저앉은 경제에 더하여 99:1의 빈부 격차까
   지 겹친 걸 보면 경제개발의 목표가 어디에 있었는지 의심
   하게 된다. 좀 더 먼 장래를 내대봤다면 결코 빠질 수 없는
   수렁에 빠지고 만 것이다. 일본식이라지만 일본은 공동체
   의식 강했고, 권력 또한 우리보다 정직하고 청렴했다. 분단
   과 대결이 최대의 걸림돌이었다. 결과적으로 남한만의 공
   동체는 불가능했다는 얘기다.

2) 하루 빨리 남북이 자주성을 확보해야 한다. 먼저 강대국에

놀아나 서로 원수 되었음을 통탄해야 한다. 이런 민족 문제 의식을 바탕으로 차원 높은 민관 외교전을 펼쳐야 한다. 민족 문제를 놔두고는 어떤 형태의 공동체 시도도 허사임이 입증되었기 때문이다. 분단이 남북 발전에 도움이 됐다는 것은 꼭 부정부패가 경제 발전에 윤활유 역할을 했다는 것과 다르지 않다. 앞뒤 가리지 않고 탐욕 하나로 올라선 부유층에서 내려다 본 관전평이다.

3) 국가 권력이 공동체에 소홀하면 경제가 침체해도 희망 없는 국민들의 삶이 널려 있어도 성공 신화를 구가하는 부귀영화 세력과 한통속이 되게 마련이다. 고도성장을 위해 민주가 유보돼야 한다는 소리가 맞지 않았나 하면서 말이다. 자유·평등·평화란 이상에 불과하다면서 말이다. 그게 결국 애써 이룩한 성공 질서를 흔들고 파괴하려는 불순한 동기라고 말이다. 사람은 공동체 내에서 살아야 신나게 능력을 발휘한다고 해도 말이다.

4) 물론 어떤 탁월한 지도자도 그런 공동체 만들기 쉽지 않다. 그러나 민족공동체는 오랜 문화 전통을 함께 하기에 가장 적은 비용으로 달성할 수 있는 공동체다. 경쟁이 한층 치열 해질수록 국민의 창의력을 쟁발시켜야 하며, 이웃을 배려 하고 서로 손잡는 공동체라야 그게 가능하다. 그런 공동체

민족끼리 이웃끼리의 증오를 부르짖으며 설립할 수 없다. 지금까지 우리가 걸어 온 길을 되짚어보면 보이는 너무나 뚜렷한 결론이다.

5) 우린 지금 개성공단 폐쇄 같이 아직도 으르렁거린다. 민족 통일 민족공동체 복원에 총력을 기울여야 한다. 잡탕들이 모여 번영하는 나라는 미국이 유일할 뿐이다. 잡탕들이 집단 아닌 공동체를 만들어나가기란 여간 어렵지 않다고 본다. 그러기에 독일도 월남도 그 비용을 감수하면서 통일을 일궈낸 것 아닌가. 우리나라도 민족이 있기에 그 문화(농업적 정직, 열성, 자존심) 덕으로 이만큼 성장했다. 남북평화공동체 건설이 한국 근대화의 남은 과제다.

끝으로, 원고 뭉치에서 우연히 눈에 띤 '통석불금성명'이 있어 이를 제자의 유언이 아닐까해서 소개하고자 한다.

통석불금성명痛惜不禁聲明

고도성장기는 유엔이 종전 15년을 맞아 개발연대를 선언할 정도로 후진국들이 승전국, 특히 미국의 부를 의지하여 개발에 박차를 가하자는 지성인들의 외침이 거셌던 시기로 우리도 이에 적극 호응하여 고도성장에 매진했다.

그 시절 권부의 핵심인 청와대에서 또는 주요 경제부처에서 나름대로 압축 성장을 거들고 숨 가쁘게 달려온 우리들은 잘 먹고 잘 살며 이제 고희를 넘어 미수를 바라본다. 그러나 이제 돌아보니 회한과 통석을 금할 수 없다. 그간에 지나쳤던 많은 신음들이 이제 더 크게 우리의 귓전을 맴돌고, 놓쳤던 함정들이 더 크게 입을 벌리고 우리 앞으로 다가서기 때문이다.

첫째, 걷잡을 수 없이 벌어진 빈부 격차 — 노동인구 2500만 (인구의 절반) 중 2000만의 생활고

둘째, 극단적인 이익 집단화로 공동체(이익공동체, 혈연지연 공동체, 신앙공동체) 와해

셋째, 급속 모방경제(기계시설 원자재를 수입충당고 가용재원을 재벌 중심으로 배정)로 외형에 걸맞은 기술 경영 경쟁력 취약

넷째, 특권 부패(불법소득) 만연으로 창의력 왜소화(정치권력 및 관권 추구 등 이권 개발에 소진)

다섯째, 부패 청산 민족공동체 복원을 용공으로 몰아 공동체 경시풍조 조장(이기 집단화 가속)

여섯째, 저기술에 무역 의존도 100%로 경제 규모에 비해 구조적으로 내수경제 부진 및 고용 효과 저조한 데다 수출 경쟁 심화로 고용 절벽 임박

일곱째, 결과적으로 이 나라에서 인류의 이상인 공동체는 붕

괴되고 있고 극단적 이기주의로 점점 혼돈에 빠지고 있다. 최소한의 법치도 설 땅을 잃는다.

[급선무는 정의평화공동체 복원이다. 날로 증가하는 최고 자살율, 최고 흉악범죄율, 최고 산재율을 억제하기 위한 최선의 대책이다]

첫째, 북한과의 평화 공존 노력이 끽긴하다. 민족공동체는 가장 복원하기 쉽고 또 가장 비용이 적게 드는 공동체이기 때문에 모든 나라가 민족공동체를 우선시 한다.

둘째, 나라의 창의력을 총 가동할 수 있는 정의평화공동체 구현을 통해 신기술·신제품·신산업이 태동할 때까지 신규 건설토목사업을 중지하고 튼튼이 10만, 싱싱이 10만, 디딤이 10만을 양성하여 적폐 공화국을 청산하고 아울러 고용 절벽을 뛰어넘는다.

가. 급속 성장으로 사회 구석구석에 안전사고가 도사리고 있다. 10만 명의 점검단을 가동해야 한다.

나. 그간의 성장 동력이었던 부패 특권 대신 싱싱한 권력을 탄생시켜야 창의력 솟아난다. 10만 명의 청산 요원을 동원해야 한다.

다. 궁지에 몰린 노약자 무의탁자는 10만 명의 디딤이가 부축한다.

셋째, 농업 농촌은 우리 민족공동체의 뿌리이며 이를 평화산
업공동체로 꽃피워야 한다. 농업을 입체화(기계화·전산
화·실내화)해서 새 일자리를 만든다. 농지를 복원 가능
한 산업(태양·풍력·발전 등)으로 적극 전용하고 식용 동
물의 사육장으로 활용한다. 말 목장을 활성화하여 고급
스포츠로 육성하고 승마 특기생을 우대한다. 농민에 대
한 감사 헌금과 자녀 교육비 면제 등으로 생활 안정을
보장한다.

이상의 주장을 관철하기 위해 그간 잘 먹고 잘 살아온 잘먹
산이들이 밀알이 되기를 다짐한다.

저자에 대한 언론의 다양한 시각

[반 년에 걸친 '정동칼럼']

여기저기 띄엄띄엄 글을 쓰다 보니 신문사에서 집필 의뢰가 온다. 하고 싶은 얘기는 많은데 다 썼다간 큰일 저지르겠다 그런 걱정을 했더니 오히려 좋단다. 아직도 노태우 정부 아닌가. 대번에 '5부운동을 제창한다'를 써 제꼈다. 1992년 8월 4일이었다. 3부가 다 썩었으니, 거기다 4부라는 언론도 한 통속이니 우국지사들이 5부라도 만들어 이를 견제해야 할 것 아닌가였다. 뒷얘기론 신문사에서도 자해라고 의론이 분분했던 모양이다. 하여간 이때 격려 전화가 빗발치고, 그 뒤를 보니 NGO다 시민운동이다 어느 틈에 다 자리 잡고 있었다.

[1년 여 '한경시론' 이어서 '한동우 칼럼']

10년이 지났다. 한경에서 '한동우 칼럼'난을 할애받는다.

2005년 1월 10일이었다. 1997년 12월에 발행된 나의 『비석 밟고 한양천리』를 풀어쓰며, 이 나라의 잘못된 출셋길을 질타해 나갔다.

['陸法黨' 썩은 냄새 아직도…]
─韓東羽 씨 서울法大 동창誌에 비판 글

백합이 썩으면 들꽃이 썩을 때보다 냄새가 훨씬 고약하다고 한다.

우수한 인재들이 자신의 재능을 올바른 곳에 사용하지 않고 출세를 위해 곡학아세曲學阿世할 때 사회에 끼치는 해독은 평범한 사람들이 부정을 저질렀을 때보다 훨씬 크고 심각하다는 점을 빗대어 하는 말이다.

5공화국 시절의 '陸法黨 사건.' 당시 수재 중의 수재로 꼽히던 많은 서울대 법대 출신들은 정통성 없는 군사정권의 핵심에 참여, '권력의 미용사' 노릇을 하면서 역사 발전에 막대한 해악을 끼쳤었다. 陸法黨은 법대 출신들이 陸士 출신 정치 군인들과 야합, 군사정권을 이끌어가던 당시 상황을 꼬집는 말이다.

이 같은 상황에서 陸法黨에 참여했던 '썩은 백합'들을 질책하는 글이 발표돼 눈길을 끌고 있다.

서울대 법대 제13회(1959년) 졸업생인 동양투자금융 韓東羽 사장(前 재무부 증권국장)은 최근 발간된 『하늘이 무너져도 정의는 세워라』라는 제호의 서울대 법대 동창 수상록에 「陸法黨 사건」이란 글을 기고, 법대 출신들이 부패한 권력과 야합해 사회와 역사를 어지럽힌 과오를 비판하면서 수재들의 각성을 촉구했다.

韓 사장은 이 글에서 "(5공 시절) 군사 독재를 뒷받침해준 핵심 브레인과 하수인은 대부분이 서울 법대 출신이었다"며 자책한 뒤 "요즈음에도 司正 한파에 불안한 몰골이 떠오르거나 줄줄이 묶여가는 사람 중에 서울대 출신이 많다"고 한탄했다.

그러면 왜 법대인은 변절을 잘하는가. 韓 사장은 무엇보다 법대인은 법대를 지망한 동기부터가 수상하다고 지적했다. 부모들이 자식들을 특권층에 입적시키기 위해 법대를 지망하게 하고 자식들도 이에 동조해 법대를 선택한다는 것이다. 따라서 판·검사가 돼 도둑을 벌하고 권력에 맞서 정의와 평화를 구현하겠다고 앵무새같이 말하지만 실제로 그런 일을 하는 법대인은 드물다는 것.

韓 사장은 "법대를 다녔으면 법의 정신대로 살고 정의를 실현하기 위해 일을 해야 하는데 서울 법대 선후배를 통틀어 그런 사람이 과연 몇이나 되느냐"고 반문하면서 자성을 촉구했다.

결론적으로 서울 법대인의 일그러진 명예를 회복하기 위해서는 법대인 모두가 '陸法黨 사건'을 '기소 중지'하지 말고 정의의 종을 두드리며 끝까지 추적해야 할 것이라고 강조했다.
—《문화일보》李秀衡 기자. 94. 2. 2.

['권력 야합 서울 法大 출신' 同門이 비판 글 게재 화제]
─13회 졸업생 韓東羽 씨 동창 수상록에

'陸法黨.' 5공화국 시절 권력의 중추를 이룬 정규 육사 출신들과 이들의 핵심 브레인으로 권력 주변에 머물렀던 서울大 법대 출신들을 함께 지칭하는 용어다.

그러나 이 말은 불법적인 힘으로 권력을 장악한 정치 군인들에게 우리 사회의 엘리트 법률 전문가들인 서울大 법대 출신들이 야합, '권력의 미용사' 노릇을 하며 함께 영화를 누린 상황을 빗대 흔히 쓰여졌다.

이 육법당의 한 축이었던 서울대 법대 출신들을 신랄히 질책하는 글이 최근 발간된 서울대 법대 동창 수상록『하늘이 무너져도 정의는 세워라』에 발표돼 눈길을 끌고 있다.

글쓴이는 법대 13회(1959년) 졸업생인 韓東羽 씨(58, 동양투자금융 사장).

그는 '육법당 사건'이란 글에서 "군사 독재를 뒷받침해준 브레인과 하수인이 법대인이었다"고 한탄했다.

그는 또 "모든 수재들이 서울大에 몰리고 또 수재 중의 수재가 공직에 들어가 부패 특권층을 형성하고, 이들의 특권지향적 입맛에 아류들이 침을 삼키는 모습으로 이 사회가 굴러간다면 우리는 언제 선진국이 될 수 있겠느냐"고 말했다.

그는 서울大 법대 출신들이 사회 정의 실현에 어긋나는 길로 나아가는 이유를 설명하면서 "법대 출신들이 당초 법대를 지망한 동기부터 수상하다"고 말한다. 부모들이 자식을 특권층에 입적시키기 위해 법대로 보내려고 성화를 부리는 것도 한 원인이 아니겠느냐고 묻고 있다.

"문민정부 들어 사정한파에 줄줄이 묶여가는 사람들 중에 많은 서울大 출신이 있었다"고 지적한 그는 "육법당은 한낱 지나가는 사건이 아니라 과거에도 비슷한 사건이 있었고 이후에도 있을 것"이라고 경고했다. 그는 이어 "법대인이라면 이 사건을 '기소 중지'하지 말고 정의의 종을 두드리며 끝까지 추적해야 한다"는 말로 글을 맺었다.

그는 "서울大, 특히 법대 출신들을 매도하기 위해 이 글을 쓴 것은 결코 아니며 모든 법대인들이 부도덕한 길을 걸었다고도 생각하지 않는다"며, "다만 후배들이 부끄러운 선배들의 전철을 밟지 말고 학생 때 가졌던 정의감을 굳게 지켜 우리 사회의 동량이 되어 달라는 바람에서 나 자신 참회하는 마음으로 이 글을 썼다"고 밝혔다.

韓 사장은 서울大 행정대학원을 마친 61년 재무부에 들어가 국고국장, 증권보험국장에까지 올랐으나 80년 7월 공무원 숙정 때 신군부에 대한 비판적인 언행 등이 문제가 돼 해직 당해 관계를 떠났다.

이후 한솔제지 부사장, 동양증권 사장, 동양경제연구소 소장 등을 거쳐 92년부터 동양투자금융 사장으로 재직하고 있다.

─《한국일보》李泰熙 기자. 94. 2. 3.

[서울대 법대 출신이 5공화국 시절 권력과 야합했던
서울대 법대 출신들을 비판]

　서울대 법대 출신인 동양투자금융 韓東羽 사장(13회 졸업
생)이 5공화국 시절 권력과 야합했던 서울대 법대 출신들을
비판하면서 자성을 촉구하는 글을 동창회지에 기고해 화제…

　▲…韓 사장은 『하늘이 무너져도 정의를 세워라』는 제호의
서울대 법대 동창 수상록에 기고한 「陸法黨 사건」이라는 글
을 통해 "5공 시절 법대 출신의 상당수가 권력에 야합, 사회
와 역사를 어지럽히는 과오를 범했다"며 법대 출신들의 자성
을 촉구…

　▲…韓 사장은 "5공 시절 군사독재를 뒷받침해준 핵심 브레
인과 하수인의 상당수가 서울 법대 출신이었고, 문민정부 출
범 이후 사정한파 속에서도 줄줄이 묶여가는 사람 중에 법대
출신이 많다"고 한탄한 뒤 법대 출신들은 이제 실추된 명예 회
복에 노력해야 한다고 강조.

　―《동아일보》94. 2. 3.

[한국 수재들의 중병]

　한국의 수재秀才들이 피하지 못하는 중병이 있다고 한다. 이
른바 '출세병'. 웬만큼 똑똑하다는 소리를 듣는 이들은 일류
대학으로 몰리고 대학 인근 고시원은 사시사철 만원이다.

　재무부 국고국장, 증권보험국장, 동양증권 사장, 한솔종합

금융 사장을 지낸 한동우 씨(62)의 『비석 밟고 한양 천리』. 그는 소설의 형식을 빌려 정치인, 관료, 군인 등 한국 사회를 장악해온 권력자들의 유형을 희화적으로 꼬집는다.

"주인공들은 내가 지난날 재무부, 대기업, 금융회사 등 다양한 분야에서 근무하며 만났던 인물들을 모델로 한 것입니다"

'용군龍君' '비군飛君' '어군御君' '천군川君' '가군歌君' 등으로 이름 붙여진 등장인물들. 이들의 일생사는 70년대 근대화 과정에 뿌리를 둔 한국사회의 구조적 병폐와 맞물려 돌아간다. 이 중 고시 출신으로 장관의 지위까지 오르는 '용군'은 탁월한 수완으로 아랫사람과 윗사람을 자기 사람으로 만들며 출세가도를 달린다. '대가성' 있는 금품을 받아 적절히 이용할 줄 아는 사람이다.

한때 사회 정의의 깃발을 들었던 언론인 '가군'도 결국 정계에 발을 들여놓은 뒤 진흙탕에서 헤어나지 못한다. 그의 변신을 통해 비판 세력이 체제 내화되는 과정을 볼 수 있다. 저자 한 씨는 그 역시 출세가도를 달려온 한 사람으로서 과거에 대한 참회의 심정을 갖고 있다. 그렇지만 우리 사회에 대해서는 할 말이 많다. "능력 있고 수완 좋은 사람들이 벌이는 부정부패 놀음이 없어지지 않는 한 우리는 여전히 봉건 특권사회에 살고 있는 것입니다. 그 특권의 철폐로부터 진정한 근대화가 시작됩니다."

―《동아일보》한정진 기자. 1997. 12. 8.

[사회 부패 구조 풍자]

칼럼니스트 한동우 씨가 출세 열전 『비석 밟고 한양 천리』를 펴냈다. 탈법과 허세 등 우리 사회의 부패구조를 통해 세상에 자신의 이름을 알리고 부와 명예를 쌓는 과정을 가상의 주인공을 등장시켜 풍자적으로 그렸다.

—《조선일보》. 98. 1. 15.

[정치·경제의 부패구조 증언]

칼럼니스트 한동우(63, 한솔종합금융 사장) 씨가 신문과 잡지에 연재했던 칼럼을 모아 『비석 밟고 한양 천리』를 냈다.

20년 가까운 재무부 관리 생활과 언론, 금융사 경영자 경험을 토대로 한국의 경제·정치판, 특히 부패구조의 폐해를 이야기 한다. 신이 한창 오를 때 그의 말투는 완연히 옛 사설체다.

「가스러진 놈, 삐딱한 녀석, 울대 높은 양반, 호박씨 까는 군자, 역적 나기만 기다리는 남산골 샌님…」「요순 이래 태평성대요 사회연풍이라 가성고초에 원성고면 어떻고, 촉누낙시에 민누락이면 또 무슨 걱정이겠는가…」.

"앞으로 15년은 전두환, 노태우가 허황된 꿈을 실현하기 위해 온 국민을 분노의 도가니로 빠뜨렸던 세월과는 생판 다를 것"이라 그는 썼다.

—《한국일보》장병욱 기자. 98. 1. 21.

[반半 소설로 그려진 가짜 용들의 출세 열전]
—『비석 밟고 한양 천리』

출세를 향해 날아가는 출세 떼.

이들의 전형이 칼럼니스트 한동우에 의해 가상의 인물, 용군 비군 어군 천군 가군 독불장군 복군으로 새롭게 태어났다.

부패와 특권이 세운 비석을 밟고 입성하는 천리 길 한양 땅 그 일그러진 노정과 그들이 부르는 신용비어천가龍飛御川歌.

칼럼니스트 한동우의 '출세열전'이라는 부제가 붙은 『비석 밟고 한양 천리』는 저자가 사회생활을 시작하면서부터 꼬박 기록해온 40년 메모의 결정판이다.

20년의 공직 생활(재무부 국장)과 또 그만큼의 기업 경영(동양증권, 한솔종금 사장 등)을 통해 이 나라 부패 구조를 실감하고 그 원인을 나름대로 분석해 왔다는 저자는 이를 광정匡正하지 않고는 국가의 존립 자체가 위태롭다는 생각에 목소리에 힘을 실었다.

한국 현대사의 이면을 흥미롭게 엿볼 수 있는 일화를 중심으로 반소설半小說의 형식을 빌어 엮어 읽는 재미가 남다르며, 요즘같이 혼란한 시기에 더욱 공감이 가는 내용으로 구성되어 있다.

이 나라에서 정부가 너무 오랫동안 그릇된 출세의 장으로 방치되어 있는 현실, '머리깨나 좋다는 사람들이 작당해서 하는 짓이란 모두 눈살 찌푸리는 일뿐'이라는 개탄의 목소리가 높은 요즘. 그리고 박수 속에 물러나는 대통령을 가져보지 못한 불운한 한국인들.

법의 정신에 따라 정의를 세우는 일에 여생을 걸어 큰 일꾼을 뽑아야 한다는 사명감을 가진 저자는 누군가 깃발을 세우면 배시시 살아날, 그 깃발을 따라 큰 물결을 이룰 수 있도록 해줄 진정한 용龍은 과연 누구인지, 우리 시대 영웅들의 가면을 벗기고 있다.

—월간 〈삶과꿈〉. 98. 2.

(6621)

중앙일보
1995.12. 29.

유교와 근대화

ⓒ 한동우, 2019.

1판 1쇄 인쇄 | 2019년 10월 20일
1판 1쇄 발행 | 2019년 10월 25일
지 은 이 | 한동우
펴 낸 이 | 이영희
펴 낸 곳 | 이미지북
출판등록 | 제2-2795호(1999. 4. 10)
주   소 | 서울 강동구 양재대로122가길 6, 202호
대표전화 | 02-483-7025, 팩시밀리 : 02-483-3213
e-mail | ibook99@naver.com

ISBN 978-89-89224-48-8   93190

이 도서의 국립중앙도서관 출판예정도서목록(CIP)은 서지정보유통지원시스템 홈페이지
(http://seoji.nl.go.kr)와 국가자료종합목록 구축시스템(http://kolis-net.nl.go.kr)에서 이용하실
수 있습니다. (CIP제어번호 : CIP2019039565)